一生气你就输了 ②

刘子非 / 编著

中国长安出版社

图书在版编目（CIP）数据

一生气你就输了.2/刘子非编著.—北京：中国长安出版社，2014.3（2016.6重印）

ISBN 978-7-5107-0620-2-01

Ⅰ.①一… Ⅱ.①刘… Ⅲ.①人生哲学-通俗读物 Ⅳ.① B821-49

中国版本图书馆CIP数据核字（2014）第052069号

一生气你就输了2

刘子非 编著

出版：中国长安出版社
社址：北京市东城区北池子大街14号（100006）
网址：http://www.ccapress.com
邮箱：capress@163.com
发行：中国长安出版社　　全国新华书店经销
电话：010-85099947　85099948
印刷：北京欣睿虹彩印刷有限公司
开本：1/16
印张：14.5
字数：200千字
版本：2014年7月第1版　2016年6月第3次印刷

书号：ISBN 978-7-5107-0620-2-01
定价：35.00元

前言
CONTENTS

人生于世，谁能不生气。但是人生于世，谁又能很好地控制自我情绪，让自己从生气中解脱出来，活得通透潇洒。

人的一生，说起来非常简单和幸福。但是人总是给自己设置了各种各样的藩篱，将自己困在心灵监狱里，一生苦恼，任时光白白流走。就如生气，这本是一种人类正常的情绪，是人在对外界事物无法把控时，表现出的一种不满意状态。但是很多人却从来不懂得如何良好控制这种不满意，反而将生气看成是自己处世的一种手段，看成是自己实力的一种象征。

殊不知，人在生气的时候是最丑陋的，也是最滑稽可笑的。原本正常的一个人，因为生气会变得蛮不讲理，变得暴戾残忍，变得别人敬而远之。这样的一个人如何能够赢得大家的尊敬。那些靠生气来征服别人的人，充其量是靠着手中的砝码和权力。如果失去了这些东西，生气中的人其智商和情商还不如三岁孩童。

我们为什么要生气呢？因为我们感觉到正在发生或者已经发生的事情无力把控，因为我们能力不足……对事物不能把控，生气只会伤害自我形象；自己能力不足，生气只会变成自己对自己的嘲弄。

在《一生气你就输了1》中，我们明白了生气确实是件损人又害己的事情。生气会毁掉我们的社会关系，毁掉我们的社会形象，甚至毁掉我们的未来。那我们为什么要生气呢。与其生气，还不如学会控制自我情绪，将生气化为一种人生的历练，变成人生的沉淀。静下心来，容人容己，世界也就开朗了。

在本书中，我们继续深入探讨生气带给我们的伤害，并一起找到控制情绪、抑制生气的办法。不管是从自己的内心提升修养，还是通过外界记录愤怒的方法，我们的最终目的都是要让我们拥有一个不生气的身体，在苦短的人生旅程中，珍惜时间，幸福享受人生。

希望你能遇见你自己，让生气等不良情绪不再侵扰你，生命从此通透敞亮，满是幸福与快乐！

目 录
CONTENTS

001 第一章
生自己的气，亲者痛，仇者快

你生气的样子，真的很滑稽/003
石头剪刀布，你连赢的机会都没有/006
跟自己过不去，跟全世界都过不去/009
生自己的气，谁最快乐？/012
切忌以生气来伤害自己/015

019 第二章
留得青山在不愁没柴烧，防火很重要

留得青山在，还有再绿时/021
请友好地对待你的愤怒/024
为小事生气，必毁于小事/027
别让生气成为压垮骆驼的那根稻草/029
挽回希望的那一瞬间/033

037 第三章
生气影响智商，思维混乱降情商

放下怒火，重新上路/039
别用愤怒去伤害爱你的人/042

生气会让人失去自制力/045

生气的代价要赢用一生偿还/048

被怒火毁掉的事业/051

055 第四章
计较事计较物，计较让人生没有路

温柔的回报/057

计较太多，人生的收获就越少/060

留一半给别人走/063

打开一扇门，引来活泉水/066

放宽心，敞开门/069

073 第五章
欲壑难填，世界凭什么听你的

摆平贪婪，搞定怒火/075

欲壑难填，贪婪只会腐蚀人心/078

远离欲望，避开灾难/081

克制情绪，欲望不曾通向天堂/084

放下欲望，寻找正确的努力方向/087

091 第六章
容人容己，心胸宽了，世界就广了

聪明是天赋，宽容是选择/093

宽容比愤怒更有力/096

心胸宽了，世界就广了/099

宽容，与爱同名/101

放自己一条生路，不要让心迷失/104

109　第七章
厚道之人不揭短不揭穿，生气都不会

留一条路给别人，让自己的世界更宽敞/111

顾全别人的颜面，就是给自己余地/114

做人不必做绝，中庸处世/117

人情留一线，日后好相见/119

揭短，让愤怒随处现形/122

127　第八章
静气、静心、静思，静能熄火

让思考熄灭心中怒火/129

静心是良药，它能解救你/132

换个角度想问题，才是尊重别人/135

宁静的心，换来快乐的生活/138

静下心来，让自己少犯错/141

145　第九章
呼吸放松，治疗生气就是这么简单

放松呼吸，让不良情绪发泄出来/147

长呼一口气，让愤怒瞬间消失/150

温和成长，保持不动怒的心态/152

稳住心绪，人生会豁然开朗/154

放松、看淡，开心享受生活/158

163　第十章
记录愤怒，锻造不生气体质

不因别人的态度而改变自己/165

微笑面对，简单生活/167

海纳百川的胸怀，一笑而过的气度/170

写下愤怒，忘记忧愁/172

为自己的微笑努力，不为愤怒买单/175

179　第十一章
糊涂亏，大便宜，世界其实很简单

宽容的人生每天都会风和日丽/181

拥有宽广的心胸，丢掉耿耿于怀/183

吃亏并不是真亏/185

常施援助之爱，不缺他物/188

一页糊涂账，一本人生书/190

利人利己，亏人亏己/192

松开手，幸福才有到来的可能/194

197　第十二章
不生气能救己，自知方能知世

回头想想又何必/199

学会控制情绪能受用终生/201

看淡风云，胸纳万物/203

自知方能从容处世/205

修养自我气质，生命会更从容/208

不迷失不贪婪，遇见自己/210

世界不完美，退一步海阔天空/213

第一章
生自己的气，亲者痛，仇者快

　　很多时候，我们看不到自己生气的模样，不然我们自己也会被自己吓一跳。如果说一个微笑能打动别人，那么一把怒火却能让亲者痛，仇者快。你生气，只会有爱你的人跟着伤心，不会有恨你的人一起不痛快。何苦折磨了自己，伤害了爱人。

你生气的样子，真的很滑稽

有的时候我对自己的太过严厉，以至于经常会忘记人生的真谛是让自己开心快乐地生活下去，而不是为了追求似有似无的所谓别人眼中的成功而与自己为难。可往往就在某个性格误区的转角处，我总会不停地生自己的气，把自己置身于某种消极且被动的状态。幸而每当到这样的时刻，我就会想起某些过去听过或者经历过的故事，让自己从某个怪圈里迅速跑出来。

印象最深的故事却是一个老生常谈的故事：

在古代的西方，有一位年轻人，每当他生气的时候，都会绕着他的房子和土地跑三圈。后来，随着时间的积累，他的房子越来越大，土地越来越广袤。可他每逢生气还是会绕着它们跑三圈。哪怕他后来成家立业，有了子女儿孙，也有了一定的财富积累和社会地位，即使每次都会累得气喘吁吁，上气不接下气，但他还是把这个习惯坚持了几十年。

某一次，他正生着气，又绕着庄园跑了三圈。当邻居看到他气喘吁吁地路过时，不禁好奇地问他为什么要因为一点小事，这么虐待自己。

他笑着回答道：年轻的时候，每当与别人怄气、争吵、打架，生气时我都会绕着我的房子和土地跑三圈，一边跑一边告诫自己——我只有这么窄的房子，土地也少得可怜，哪里有多余的时间和精力去理会这些闲气。于是，我就更努力地工作学习，不断地积累自己的财富。

邻居还是不得其解，这也不过是年轻贫困时的习惯罢了。如今他年事已高，且拥有令多数人艳羡的物质生活，为什么还会绕着庄园跑步呢？

他继续说道：等自己有了一定的财产，拥有属于自己的庄园和土地后，我每次生气还是会绕着庄园跑三圈。一边跑我一边会跟自己说——如今我拥有一座宽敞的房子，一大片土地，根本没什么必要与别人计较太多得失。于是，跑着跑着我就不再生气了。

这个故事的年岁似乎比如今的我还要大很多，可每当我生气时，还是会想起向我称述这段故事的人。他满怀笑意地对我说道："人年轻的时候要学会自我宽恕，因为那时候社会对年轻人往往是宽容的。或许你不如别人成功，或许你不比别人优秀，甚至看起来没有别人开心，但这些都不构成你与自己怄气的理由。因为当年老后再重新回顾过往，你能想起的最主要还是当年的不开心。这样一来，不仅少年时代不开心，年老了反而也偶尔会因此难得开怀。没有什么过不去的坎儿，只有回不去的少年时光。"随后，他又给我说了一个很近很近的故事。

那时候适逢改革开放，同年的好友相约南下淘金。他因为已婚，最终放弃。选择在家乡的小学教书育人，过上安稳平实的生活。另一人却凭借一身闯劲，还有机缘巧合的作用，一时间成了乡里的名人。衣着入时，出手大方，让乡人艳羡不已。为此，他偶尔也会在思考自己过去的选择是否正确，有时候甚至会因为他言语间透露的得意与家人闹矛盾。那时候的他就连工作也没法做好，经常出错。有时甚至会忘记检查学生的功课，记错监考时间……年近而立，他开始为自己的未来担忧了起来，并不断责怪自己为什么不能像朋友那样出去打拼，为自己以及家庭争取一份更优质的未来。

可犹犹豫豫间，眼看着孩子出生，学生毕业又入学，他依旧还在那片"低矮狭窄"的天空下循环往复地工作。每天看到桌上写不完的教案，批改不完的学生的作业，家里此起彼伏的琐事，心里烦闷不已。后来甚至养成了一种暴戾的脾气，只要有人提到南下他立马会变得暴躁不安，见谁都是一脸怒气。直到某次病重住院，妻子照顾他。

眼看着外面澄澈的天空，突然回想起自己的过往。少年时意气风发，青年时执手相惜，而立之年时家庭美满，中年生病住院还有亲友学生随时探望。从来，只不过是自己开门去逢迎孤独罢了，身边根本就容不下一把专为孤独设置的座椅。数年间，自己竟然为了一个滑稽可笑的可能性，不断虐待自己。自己错过了很多美丽的风景，最后剩下的不过是被嫉妒腐蚀过的过往，怒气冲冲的眼神透过记忆冷冷地穿透他的内心。

一梦十年，当意识到自己不过是在以一种愚昧地可笑的方式在虐待自己和爱自己的人。就在一瞬间，他仿佛看透了前程过往，又恢复了年轻时代的开朗乐观。他一遍又一遍地将这个故事传递给讲台下的学生，一次又一次地告诫身边的人，无论世界多么大，你要接受的不过是一个不完美的自己和完美的心怀。

那时候我还很年幼，完全无法想象成人世界里所谓的变幻无常。以为一切就像昨天刚发下来的数学试卷一样，只要我努力练习，就一定能拿到满分。可事实上，直到长大，开始自己承担来自世界的审视和自己身上所负担的责任感，才发现世界并非完全如是。须弥芥子，我不过是浮游在世界末端的某粒粟子，我能改变的不过是自己身上与生俱来的乖戾，别无其他。横冲直撞，往往被墙角撞破了头，被桌角磕坏了脚踝，用脚去踢，用身体去撞，只会换来更多的伤疤，你生气的模样甚至还会引来路人的哂笑。

当不能用重复练习去换取成功，除了向世界发脾气，或许转过头去换一条路再继续走下去会赢得另一片天地。当不能靠堆积的白骨当上将军，或许机制谋略也能击退强敌。换句话说，与其与自己怄气，不如开心地享受自己拥有的一切完美与残缺。

石头剪刀布，你连赢的机会都没有

快乐是一种心态，是一种生活的态度，与成败无关。我们在生活中，犹如无所依的浮萍，何去何从最终并不完全掌握在自己的手里，唯一能做的不过是控制自己的情绪，让自己有充分的资本去与逆境抗争，与顺境周旋。

古代有一位妇人，经常会为了一些家庭琐事而愤怒，虽然对于生气的害处心知肚明，但她还是难免发脾气。于是，她将自己的烦恼告诉了高僧。

高僧听后，一言不发地把她带到一座禅室中，并将她独自锁在室内。妇人变得非常生气，破口大骂，但高僧并不以为意。随后，妇人开始改变策略，哀求其高僧。但这也没有得到高僧的任何积极回应。随后，妇人终于陷入了疲惫的沉默。

随后，高僧打开门，问道："现在还有怒气吗？"

"我现在气的只是，自己为什么会傻到跑到这里来受气。"

高僧道："对自己也无法原谅，这怎么可能做到宠辱不惊，风雨无惧。"于是，就又走开了。

妇人沉默了一会儿，说道："我气消了，根本就不值得生气。"

老高僧摇了摇头，依旧自顾自地走开了。

妇人随机又叫住了高僧，说："我觉得生气也无济于事，最后我还是被关在这里，生气也不过是浪费力气罢了。无论我怎么生气，最后只会在这里自己跺脚发怒，伤身伤心，最后门也没有打开，我的问题也没有解决。"

高僧笑眼看着她，示意她继续说。

"本来无一物，何处惹尘埃。社会于我，就好似大海于鱼虾，规则早已设定——我离不开社会，一如鱼虾离不开大海。无论是挣扎，还是畅游，又或者穿梭逃避，最后不过是在这片汪洋里玩耍。无论世界如何看我，我能看到的不过是我眼中的世界。我怒气冲冲，从来得不到友善的回应。我心平气和，或者生活也就没有那么多波澜。我现在走不出这里，那么只有享受才能让我开心起来。哪怕我用手敲，用脚踢，换来的也就是遍体鳞伤罢了。"

高僧大小，开门，说道："何为气？气就是别人吐出，而自己却用口接下来的气息。你吞下，胃会不舒服。当无法吐出来的时候，只有不闻不问，它才会消失不见。你无须用别人的过错来惩罚自己，这是再愚蠢不过的行为。珍惜自己快乐的时光，不要为了别人不要的气息而怒火朝天，把自己宝贵的时间浪费在生气上面。最后什么也做不好，享受不到。"

"你打不开门，躲不过本来就要发生的事，那么坦然承担，心平气和地对待生活，对待自己。或许，换一种角度，这也不无好处，只要开心便是最终的胜利。即使腰缠万贯，地位斐然，最后也不过是黄土一抔。将眼光看得远一些，或者近处的烦恼便也不再是烦恼。你所见即你自己。"

妇人点头，从禅室走出。

生命的结局不过是生命的回归，幸或者不幸，终极的评价不是你挣了多少钱，也不是你赢得了多少赞誉，快快乐乐地笑到最后才最让人羡慕。既生瑜何生亮，诸葛亮三气周瑜，周瑜英年早逝间接导致了东吴霸业功败垂成。在《三国演义》的世界里，三足鼎立，一曲巧借东风的和弦道出了亘古不变的旋律。英雄美人，铜雀春深锁二乔。怒发冲冠，成就了美人佳话，却毁了一代江山。万千血染的童话，千古传诵的故事，低声述说着卧薪尝胆低头忍耐的故事。这片被战火无数次烧灼的土地上，一次又一次演绎着失败与成功的案例。侵略与被侵略，欢笑与哭泣，却没有人记得残垣危墙下低声哭泣的思念。穿透历史的帷幕，无论是五千年的历史演变，还是数百年的朝代变革，百忍成金的故事层出不穷，冲动亡国的教训也数不甚数。退一步海阔天空，与其生气不如争气。为了一时怒气，不惜鱼死网破，终于鱼死而网却未破。生气，浪费了你的力气，消耗了你的意志，磨损了你的斗志。动怒，伤身，最后还会伤神、伤心。

　　人生在世，难免有一些挫折，不如意十有八九，何必去在意。由古至今，多少功败垂成的遗憾就来自于怒气难平，最终招致失败。就拿三国时的张飞来说，脾气暴躁的张飞镇守阆中，当听说关公被害后，旦夕哭泣。而军中将领听闻后，纷纷以酒劝说张飞解气，可张飞酒醉后怒气越来越大。平时在军中，张飞从来都是以自己的脾气为处事准则，经常会因为属下士兵犯下小过失而处之以鞭笞之刑，有时候甚至还会有士兵因此丧命。刘备知道后，也经常劝他治军不能如是，否则早晚要被祸。某日，张飞下令全军三日内置办白旗白甲，全军挂孝攻打吴国。而翌日却从帐下两员末将范疆、张达口中得知："一时之间难以筹措到足够的白旗白甲，须宽限些时日方可。"而张飞却变得怒不可遏，呵斥他们道："我急于复仇，恨不得明日发军，尔等却让我等候时日。你们这样做，可是要违抗军令？"随后，便让武士将二人绑在树上，并在二人背上分别鞭打五十下。之后，又命令两人次日一定准备好所需白旗、白甲，否则只有到他面前领死。两人身受重伤，听到张飞发话后，更是惊惧非常，于是，到营中商议起了杀害张飞的计策。两人趁张飞这天夜里喝得酩酊大醉，醉卧帐中，分别持利刃入帐中将张飞杀害。是夜，两人携张飞首级逃到了东吴。自古功败垂成，难免有着无数的原因。

宽以待人，严以待己。当面对别人的过失时，不要生气，不能用别人的错误来惩罚自己。在人生的赌局上，通常到了关键时刻，往往以细节取胜，这个时候就更不能因为一时气愤而影响大局。最终不仅可能导致功败垂成，甚至还是惹祸上身，出师未捷身先死，长使英雄泪满襟。

在这座铺满了青苔的古道中，英雄牵着瘦马踽踽独行，漫长的孤独没有将其打败，却因为别人过失让自己一生受到内心的刑责，何苦？何必？

跟自己过不去，跟全世界都过不去

没有人有义务承受来自你的怒气，也没有人希望看到一张怒气冲冲的脸。一双怒目圆睁，只会惹来怜悯，不会招致尊敬。

北宋太祖时期，赵匡胤在位，曾与匈奴、北汉同称霸于中国国土之上。彼时，北汉的国君为历史上被气死的皇帝——刘钧，他曾一度希望重拾汉朝旧河山，驰骋中原地区。于是，与李筠联合，却被赵匡胤大败，铩羽而归。

随后，宋太祖遣人斥责曰："君家与周氏为世仇，理应互相争杀。可我宋朝与尔并无嫌隙，如何又因一家一姓之故困一方之人？如若君有志于中原，可以率军南下与我军一决胜负。"刘钧回复道："河东土地甲兵不足以当中国，我刘钧一家并非叛贼出身，之所以能独守如此弹丸之地仅仅是因为担心汉社稷无人祭祀罢了。"如此，求得北宋皇帝的一片怜悯，得以求得在世数十年的平安。但赵匡胤的口吻高高在上，折损了这位帝王来自血脉里的骄傲。外加上南怕宋兵攻来，北畏契丹逼迫，郁郁不得志而不可纾解。外加上生时不得展其志，对于赵匡胤高高在上的态度耿耿于怀，"终以势力窘弱，忧愤成疾"，不久之后就驾鹤仙去。刘钧薨时，年仅四十三，正当不惑之年，却带着遗憾离世。而刘钧本人后继无子，便由他的外甥刘继恩继承了王位。事实上，刘继恩本姓薛，因年幼时被刘钧收养而成为他的继承人。继位仅两个月，刘继恩被人暗杀，其弟刘继元便成了新上任的皇帝。可以说，那时候北汉的继承人已经不再是纯粹的沙陀刘氏后人。刘继恩的生父薛钊本是一位莽撞的军人，娶北汉"高祖"刘崇之女为妻。某次酒醉后，竟然差点儿杀死了"公主"。酒醒后，方知自己犯下大错，便引刀自刎。后来，公主嫁给了一位姓何的男子，生下刘继元。因此，可以得知这位北汉主原本不姓刘，而应该叫作何继元。

随后，太祖过世，太宗继位，谋动北汉。最终，赵匡义战胜怯弱无能的刘继元，成为了中原主要国土的真正霸主。刘钧当初南下收复汉土的雄心壮志，最终变成了后人眼中不自量力的笑柄。千古以来，如何容得下失败者只言片语的辩解，最后盖上印戳就只会剩下一句胜与败的判书。

相反，如果一时忍住对不公正的待遇，最后或许会赢得一片转述自己的亮光。

20世纪40年代，那时候的艾柯卡还是福特汽车公司的一名见习工程师。他对于和机器打交道并没有很大兴趣，更希望能做营销方面的工作。于是，依靠自己的努力，最终从一名普通的业务员成为了福特公司的总经理。然而，这一切得来虽不易，却轻易被人剥夺走。1978年，艾柯卡被公司当时的大老板亨利·福特解雇。瞬间，这个自己奉献了三十多年青春，做了 8 年经理的公司抛弃了自己，否定了自己曾经一切的努力。前一秒钟自己还是公司传说中的英雄，下一秒却变成了人人唯恐避之不及的过街老鼠，瞬间仿佛他一生堆砌起来的荣誉殿堂化为了乌有。

这件事对艾柯卡的打击很大，并导致了很长一段时间的暴怒脾气，酗酒也成了他那段时间生活的一个重要部分。人一旦开始让自己的脾气驾驭自己，那么失败将会是这个人一生最后的归宿。要明白这一点很容易，但要真正做到驾驭自己的脾气将会是很难的，尤其是要做到不怨恨生活的不公平，并且永远保持不生气。可他还是在经历一段时间的沉沦后，又恢复了往日的雄心壮志。他决定应聘到当时濒临破产的克莱斯勒汽车公司担任总经理，并大张阔斧地对公司进行整顿，改革。逐渐地，也从当初的窘迫中逃了出来，摆脱了对于前公司的愤怒情绪，重新走上了命运的轨迹。最终，他依靠自己的唇枪舌剑，聪明智慧，从外界获得了巨额贷款，让公司走出了困境，一跃而成美国第三大汽车公司。

艾柯卡曾经说过："当艰苦的日子来临，除了做一个深呼吸，咬紧牙关独自忍受以外，并没有其他捷径。"如果一个人一直沉浸在愤怒中，很难想象能从过往的影子中走出，走向光明的景象。有舍才有得，塞翁失马焉知非福，当陷于愤怒中时，回头想想，是否自己正在错过很多可能经历的美好。如果艾柯卡一直沉醉在愤恨中，很难想象后来克莱斯勒公司会成为美国第三大汽车公司。虽然历史会寻找另一个合适的人选来成就另一家克莱斯勒，可换个角度来说，如果不能从一个深坑中寻找到适合自己的环境，又如何会有很多人口中传说的传奇人物艾柯卡。

透过时光的帷幕，穿透重重灰暗的时光，有的人看到的是星辰万里，而有的人却只能排除万点星光看到断断续续的黑暗。就好像远处的启明星一般，当你有一颗怀揣希望的心，自然能找到北方最美的风景。如果心里淹没在一片黑暗的汪洋中，每天都在思考昨夜风雨后残留下的疤痕，最后也无法到达远方。想要看见远方灿烂的星辰，就必须要凭借一颗经历磨砺的积极的心，还有一双智慧的双眼，躲过尘埃，透过尘世的遮碍，分享美丽的情感。

转瞬即逝的机会，在白驹过隙的日子里，一个细节就可能让你万劫不复。越是紧要时刻，就越不能生气。成败一瞬间，选择灿烂，或是暗淡，仅仅取决于你的态度。但有一点必须要明白，你一旦生气，最终得意的必将不会是你。

生自己的气，谁最快乐？

有的时候，我们不知道自己该如何作出选择才能达到最好的结果，世界的游戏规则并不像放在砧板上的鱼肉，任你选择一种烹饪方式都能找到最美味的途径。事实上，生活需要由一个又一个审慎的选择排列组合而成。可我们总是把别人的快乐建立在自己的痛苦上，自己越是生气愤怒，就越是暴露自己的弱点，甚至可能让自己长久以来的努力功亏一篑。

远古的传说中有这么一个故事：

有这么一位高僧，经历了数十载的修行、讲经论道，智慧已然很深，佛法无边，远近闻名。但他并不希望将自己的修行就此停止，而是希望能像佛祖一样参禅悟道，立地成佛。然而，他每次上山苦修，最终都会在最后时刻功亏一篑。这次，他刻意来到寺庙后的小山里找到了一处山洞作为自己修行处所。这座山洞位处山腰间的隐蔽处，位置正是这片地区的风水中心，日月光华也能恰如其分地照射于此。而山洞本身大小刚好能容得下他一个人在此打坐修行，对于修行而言是再好不过的处所了。于是，他盼咐寺庙里的小沙弥如非必要,不能去打扰他。就这样,高僧又一次开始经历或许一生中最后的苦修。

几天后,高僧的修行渐入佳境,正如传说中的一样,他的眼前开始出现了很多幻象。刚开始的时候,高僧仿佛置身天堂,满目春意让人心旷神怡。光亮处,仿佛还有阵阵花香随着光线浮动。他置若罔闻,依旧打坐念经。

随后,出现的是三位美艳无双身着七彩霓裳的女仙。其中一位捧着一盘堆积如山的黄金走到高僧面前,笑意盈盈地说道:"知道长老不爱钱财,我们也不过是使命使然。看到长老如此,更是欣慰非常。为此,特献上佳肴一餐,以飨长老修行。"随后,女仙退下,另一位仙女走上前,在眼前的桌上摆下一桌素斋。高僧不曾睁眼,但也能闻到满桌佳肴的香味。高僧依旧岿然不动,念着经文。

随后,最后一位仙女上前,微微鞠躬,说道:"长老得道高僧,自然不为所动,但贪嗔痴怒,总有一项长老无法躲过。世人难逃对财色权的追求,虽然长老志行高洁,但七情六欲总也难逃。苦苦修行,最后换来的总是半途而废,前功尽弃。这又是何苦,救了自己,最后无法救得众人。愤怒,烦恼堆积如山,却难以将之化为福泽,这又是何必。"

高僧还是不说话。

女子见高僧无所反应,竟然化成怪物,愤然冲向高僧。高僧依旧面不改色,怪物怒吼嚎叫,似乎立马要吞噬高僧。火烧,冰冻,霜刀雪剑交加,难忍的身体痛苦随之而来。长老依旧岿然不动,心如止水。四周逐渐归于平静,而高僧内心却得不到半刻宁静。自己多年修行,善行不断,从未辜负过任何人的期待,从未动过任何邪念。但最终,数十次的精修最终都会失败。哪怕上天给以一点暗示,自己也不致如此。怒火由心中而发,竟然蔓延到了四周的环境。

随后，高僧仿佛身处炼狱中，四周鬼哭狼嚎，一片凄然。四周的厉鬼正煮食着荒野的尸骨，四处布满了血迹与人类的尸体，甚至有的厉鬼太过羸弱只能抢食扔在四周的枯骨。众鬼自顾自在享受自己的晚餐，并没有注意到在其中修行的高僧，而高僧却不得不克制住自己不要分心。厉鬼们一边分食，一边惨笑着聊起了身边的故事。被抛弃的婴儿，被谋杀的路人，被扔掉的弱者……人间残像，无数的悲哀与无奈，让人愤而不能。爱着却不被爱，恨着却无法诉说，善者被不善者伤害，施恩与人却遭到不公对待，似乎讽刺了他长久以来坚持的信仰。高僧仿佛处于世间的另一个极端，眼睁睁地看着恶鬼们争食人类，却无济于事。想要发怒，却发现无济于事，骨瘦如柴的他如何斗得过数百只恶鬼？高僧怒目而视，更是无济于事。

远处的黑暗在微弱的月光下蔓延开来，悄无声息地血腥味又加重了几重。婴儿的哭声仿佛减轻了几分，山间野地里飞奔的豺狼虎豹窸窸窣窣，显得更加急促，一切的安静与躁动交织成了这座城市野外的夜景。高僧突然大怒，大喝一声，眼前的景象瞬间变成了刚才出现的三位少女。随即少女们也化身青烟，消失无踪。剩下他一个人坐在漫无边际的黑暗中，静静地思考，此刻他方才意识到什么才是了无生趣。他突然愤而坐起，生气地咒骂道："我一生修行，最终无法思索出愤而不能的答案。我终其一生，或许最终还是会死于荒郊，被恶鬼啃噬。世间如此多的烦恼，如何让人不去思考，不能愤怒？终究，我难逃俗世的烦恼，难解最后的难题。"

突然，高僧端然坐下。哀叹道："我愤怒，却无力争斗。我生气，也终究无济于事。任我气死在这间无人过问的石洞内，也不过是荒郊野外的枯骨，于事无补。"高僧常年来的疑惑竟然在这段幻想中得以解答，他想：这也不过是上天对自己的暗示，与其将一切的愤怒化成心中的怒火，不如依靠自己的行动为自己答疑解惑。或许力量微弱，但感化自己也在于感动他人。

此后,高僧将自己修行中的感悟付诸了实践,以自己累年的修行感化众人的德行,散尽千金解救穷苦的民众,以求得内心深处的安宁。

久已后,高僧辞世,化成了山间苍翠的一处角落。一片宁静,或许才是自己当初追随的目的。与其生气,不如让自己有斗气,还自己一片安宁。他愤怒,听到的不过是来自地狱的哂笑,最终依旧无济于事。当回过头来思考,却发现另一片天地。解密世间最美的结局,不过如同丛林鸟语,你以什么眼光去看待终究会收获何种奇遇。

切忌以生气来伤害自己

父亲将儿子带到院子的篱笆旁边,试图给已经成年的儿子上关于生活的最后一节课。

父亲微笑着,对儿子说道:"现在,你已经是一个成年人了,你今后将要为自己所做的每一件事负责。"见儿子点头,又指了指篱笆旁边的一只木桩说:"从今天开始,每当你生气就用旁边的锤子在上面钉上一颗钉子。如果你非常气愤,就把钉子钉得深一点;如果不那么生气,就钉的浅一些。要是你解气了,就在把钉子拔下来。如果你想到了什么,可以随时告诉我。"

儿子默默地看着木桩,并不明白父亲这么做的用意所在,但不难看出,这件事确实很有趣。于是,每当他感到气愤的时候,就在木桩上钉上一颗钉子,越生气就越用力去钉钉子。可能是因为木桩木质比较紧密,所以每当把钉子钉进去,都会变得大汗淋漓。而往往这之后不久,他又会觉得并没有什么值得气愤的，便要把钉子拔出来。这下，又要颇费一番折腾。久而久之，儿子也不能再从中得到任何乐趣，反而觉得这是一件浪费力气的事。并且，仔细观察，他发现了这根木桩在经历自己几个月的消遣后，变得脆弱不堪。看着满目疮痍的木桩，儿子似乎想起了什么，于是找到父亲决定就这个发现谈谈。

"我发现，这根木桩变得越来越脆弱，现在我只要用力就能把它折断。如果这样下去，你不得不要换木桩了，不然篱笆就没法恢复原状了。"儿子说道："刚开始的时候我会觉得很有意思，毕竟这么做并没有伤害到任何人，而且确实会在觉得气愤的时候才这么做。但后来却发现木桩变得不堪一击，才意识到我生气的次数那么多，每次火气都那么大，已经让这根木桩变得面目全非了。就好像我每次不想去伤害别人，希望让我生气波及的范围保持最小，可就连刚开始很结实的木桩都会变得不堪一击，所以现在我们只能换一根木桩了。"

父亲看了看儿子，微笑着站在木桩旁边，指着一旁的锤子说道："生气就是这样，它借着你的手去毁掉你的生活。你用的力气大，它所带来的伤害就越大。时间久了，生活慢慢受到伤害，归根究底还是借由自己的手将它变得千疮百孔。就像你现在一样，即使意识到生气的坏处，也无法再去弥补当初的伤害。这就是生活最重要的游戏规则，即使你明白过往的错误，也没办法重新来过。"

父亲又继续说道："虽然你意识到这根柱子已经被你破坏的不能使用的时候，为时已晚，我们能做的就是换掉它。虽然现在我能换掉柱子，可如果把它当成生活里的一段关系，一份事业，一个项目，我们又怎么可能那么轻易地就能换掉它。于是，当我们回顾过往的时候，看到的多数还是后悔。有时候后悔让人能领悟一些道理，但算起来，还是会得不偿失。看，生气用你的手毁了你自己的生活。篱笆的这根柱子坏掉了，整个篱笆就会塌掉一部分。到时候，无论是偷摘水果的小孩，还是四处流浪的野狗，又或者邻居家喂养的家禽牲畜随时都可以进来。到时候，家里遭受的损失何止一根木桩。"

看见儿子点头，父亲方才感觉到丝毫欣慰："或者，这是我给你成年后的第一课，也是最后一课。生活还很漫长，你还需要很多磨练，但你要记住只要你生气，受到伤害最深的还是你自己，以及真正关心你的人。现在，我以一个过来人的身份告诉你生气只会带来伤害，对你未来的发展并没有多大的益处。虽然生活中必须要经历很多次挫折和磨练，但我不希望你如果能避开某些挫折却不得不走太多弯路。你从小到大就很叛逆，你每次发脾气，最受伤的还是你妈妈。每次你摔门出去，你妈妈都会哭着给你收拾房间，出门买菜做你最喜欢的食物。每次看到你发脾气的时候，我一定会看到你眼角已经变红了，这个时候我就会原谅你。但等你身边的人不再是我们，也许就不再会有人去观察你是否也受到伤害，也不再会那么轻易地选择原谅你。就在你没有察觉的时候，你的怒火引燃了一处又一处可能的陷阱。当你努力去救火，或者已经开始引火焚身。"

生活有着自己运行的轨迹，有着很多错综复杂的游戏规则，我们在生活中自由穿行又必须要不时地防雷。当我们少年时代，身边围绕着我们爱着并爱着我们的人，那时候我们的每一次怒火都会让他们感觉到不适。可等到逐渐长大，变得孤独起来，身边的人也逐渐变成了平行轨迹的陌生人。这时候，又有谁会试图去探索我们每次发怒时候的心态想法，又有谁会试图去忍受我们每一次怒吼后的温柔，又或者还会有谁会在我们发火后还会面带微笑地站在原地等待我们呢？答案往往是，没有。越长大越孤单，当我们试图否认自己的孤独与寂寞的时候，我们是否能在每一次气愤后的回眸中看到已经被怒火燃烧殆尽的丝丝情谊。当我们生气，发怒，最受伤的除了自己以外，也就剩下了那些还在关心我们心底最真实想法的人。而这时候,最得意的也不过是那些别有意图的人,他们似乎期盼着我们在某个不经意间犯下某个大错,跌倒在人生轨迹的某条岔道口。生气容易,灭火却并没有那么简单,要想补救就更加难上加难。

没有谁会把人心险恶永远挂在嘴边,但我们需要记住的是不要让怒火借着我们自己的手毁掉我们自己的生活。也许某个不经意间,我们伤害了爱我们的人,却得意了恨我们的人。

第二章
留得青山在不愁没柴烧,防火很重要

　　有句话说:生气是拿别人的错误来惩罚自己。确实,既然事情都已经做错了,你为什么还要用生气再惩罚自己一次呢?别人不管做错什么,如果用合适的方法、宽广的胸怀去原谅和接纳他们,一切都会过去的。你生气也没有用,生气的结果只能是让你错上加错。

留得青山在，还有再绿时

生活不可能永远如意，就如同老生常谈一般，我们用亲身的经历在诉说着"人生不如意，十之八九"的古训，每个人的命运永不可能永远准确无误地朝着预想的方向前进。但无可避免，某些曾经的辉煌依旧在怒火中化成了昨夜的阿房宫。

生活并不是所有人梦想的"乌托邦"，每个人都朝着不同的命运轨迹或快或慢的运行，难免会出现交叉碰撞。于是，每当出现偏差的时候，有的人会出现这样那样的消极情绪。或者埋怨命运不济，或者愤怒时代不公平，心中不断生出种种不好的念头，最终演变成愤愤不平。事实上，这些人并不明白每一次的不顺利对于别人而言也不过是生命旅程中一件再正常不过的事罢了。只不过是每个人思考问题的方式不同，从而导致每个人从生活中所得到的结论并不完全相同。聪明的人会从挫折中得到启示，而只有愚蠢的人才会选择采用愤怒来面对生活，消极的反应往往只能换来消极的反击。

愤怒不仅会影响人的心理活动，甚至对生理状况也会带来很多负面的影响。一个人的心情如果长期处于不佳状态，生理会随之出现失衡，五脏六腑和免疫力也将会出现很多问题。人的生命永不会重来，历史永远不给我们假设很多个"如果"的权利。漫漫长河中，数千年来也不断沉没了很多本可以在历史长河中长放光彩的巨人，可生命过早的结束最终没能给他们重来的机会，也没有告诉人们后悔的途径。其中，非欧几何的创始人小波利亚就是一个最让人扼腕叹息的例子。

1831年，小波利亚把自己的心血之作《绝对空间的科学》寄给了著名的数学家高斯，并请求他能就此给自己宝贵的意见。事实上，这件事一波三折，途中第一封信丢失，小波利亚不得不又重新把自己的论文寄出去。高斯看了这篇论文后，对他的想法表达了赞赏的情感。于是，高斯写了一封信将小波利亚大加夸赞一番，并夸奖了小波利亚在数学方面的超人天赋。在信中，高斯还说明了自己一直以来对这个问题想法，但因为大多数人对这个问题的研究比较敏感，因此并没有将自己的研究公开发表出来。然而，现在小波利亚的这篇论文让他看到了希望。

可能正是出于对儿子的关心，小波尼亚的父亲并没有把这封信的事告诉儿子。于是，小波尼亚对高斯产生了一些误会，一直以为高斯凭借着高姿态把自己辛苦研究的结果占为己有。虽然高斯并没有将相关的研究论述公布出来，但他一直坚信是高斯剥夺了自己成为非欧几何思想创始人的权利。这个想法在很长一段时间里影响了小波尼亚的心态，并让他长期处于愤怒懊恼的状态中，身体状况也每况愈下。

就在1848年，小波尼亚看到了俄国数学家罗巴切夫斯基发表了关于该方面的数学理论思想。这件事让小波尼亚的怒火更加强烈，甚至怀疑自己就站在世界所有人的对立面，并发誓从此以后不再发表关于数学方面的论述。这件事火上浇油一般，让小波尼亚在之后的十数年中一直沉浸于愤怒的状态中，1860年，小波尼亚肺炎发作悄然陨世。就这样，这颗人类历史上的奇迹之星尚未来得及绽放光芒，就此陨落在了尘封的岁月中。即使再伟大的发明也无法逆转时光的脚步，即使最强力的机械也无法让我们绕开无数个历史中的遗憾。每个被遗忘在角落的故事都会在若干年后被擦拭一新，从纤尘不染的外表中我们往往能看到很多对于后世的启迪与暗示。

愤怒并不应该成为人生命过程的常态，因为它会摧毁一个人的意识，让人整日出于精神不振的状态中难以逃脱。一旦一个人被愤怒的情绪缠住，这个人将会变得毫无活力，死气沉沉，斗志与意识也将因此受到削减，随后工作状态也不可能会好，工作效率永远处于不佳水准。当一个人心绪不宁，又如何去奢望能够让工作永远处于高效中，又如何能期待优秀的成果。固然生活容许我们有不优秀的理由，但生命并没有赋予我们重新再来的权利。从一开始就定下来的游戏规则，最后破解的密码从未在人类身上出现过。一个心里和眼里都是愤怒的人怎么可能会创造出辉煌，怎么可能让奇迹顺利降临。故事的最后，小波尼亚在愤怒中过世，带走了一生的遗憾和误解。他曾经辉煌过，但随后黯淡无光，最后在一片怒火中陨落。虽然有人说历史是偶然与必然的结合，虽然历史是一曲永远说不完的故事，虽然千百年来不乏优秀而杰出的人才，但历史并没有告诉我们是偶然让我们见证了在某个刹那间的绚烂与遗憾，历史也没有告诉我们原来遗憾可以让人类延误见证到学问最瑰丽的奇迹的时机，更不会告诉我们人类所创造的文明其实可以让我们在避开某些遗憾后更走近一步。

可以说，怒火烧尽了某些人的才华，烧灼了某些人的内心，更是让某些人在短暂的光芒后又归于沉寂。无数个遗憾与辉煌穿插在历史的长河中，某些掩埋在愤怒尘土下的珍珠金银最终被冲刷成了一个又一个我们如今所谓的故事。虽然我们坚信留下青山终究还会有复绿的时候，然而就在怒火燃烧的刹那间，又有多少人的才华瞬息间灰飞烟灭。

不得不说，与其生气，不如留下那口气让自己能争气到底。留下青山，或许明春还能再看山间春色旧景。

请友好地对待你的愤怒

关于生活，你以什么样的态度去面对它，它就会以什么样的姿态来回报你。如果你满心都是愤怒，最后得到的永远只会是一幅狰狞的图景。或者，退一步海阔天空，或许生活中没那么多的不如意，多的不过是一颗怒气冲冲的心。凡事只有有了好的开头，才会有好的结局。

生气，就是用别人的错误来惩罚自己。过分的争强好胜，用别人的错误来惩罚自己，这样换来的除了让自己变成躲在角落暗自落泪的可怜人，别无其他。曾经有一首叫作《莫生气》的打油诗，向我们阐述了人生在世不要用生气来虐待自己的道理。"人生就像一场戏，因为有缘才相聚。相扶到老不容易，是否更该去珍惜。为了小事发脾气，回头想想又何必。别人生气我不气，气出病来无人替。我若气死谁如意，况且伤神又费力。邻居亲朋不要比，儿孙琐事由他去。吃苦享乐在一起，神仙羡慕好伴侣。"缘起缘灭，随性而为，来去自如。我们日常的生活并不完全是由一个个伟大的事件所组成，相反，生活随处可见的就是一件又一件的烦心琐事。出门七件事，柴米油盐酱醋茶，这才是我们的生活。如果被愤怒支配，烦心事则俯拾皆是。如果换个角度来看，又会变成生活的考验。就好像某个故事里主角陈述的一样，当你换个角度看待冬日的严寒，或者再走过两条街道就会看到春天的阳光。冬天之后就是春天，反观每一次的挫折和困窘后，留给我们的或许又是一个天明。

每个人都有各自的福分，不必为别人担忧。我们能做到的，就是珍惜眼前人，不要过多烦心，也不必为了烦恼痛苦愤怒。气坏了自己，也于事无补。今朝有酒今朝醉，难得糊涂，赚得平生一世闲。人生在世不过百十年的光景，百世回眸才换的今生的一次相逢，缘分本身就是可贵的。短短数十年的岁月，白驹过隙，稍纵即逝，与其整日气愤发怒，何不如看开一些，让生活快乐快心一些。聚散离合，难得糊涂，各自随缘才是悠闲生活的真谛。为小事怄气，说到头来只不过是在用别人的过失来惩罚自己，不仅伤神，还浪费力气。就算怒气三千丈，快乐的还是别人，伤心的还是自己，何必随处沾染闲气。是非名利。随着时间的沉淀慢慢变得一文不值。多过一场是非，或许还能为你争得一句宽容的评价。锱铢必较的人难得开心，事事追求尽善尽美如何又有那般能力，就连上帝也无法创造出自己搬不动的石头，又何必为自己的生活添上一堵移不开的墙。

让生活中少些怒气，让自己透过风平浪静留下时间思考，别让自己成了愤怒的奴隶。与其整日沉浸于一些鸡毛蒜皮的家长里短，不如退一步，海阔天空。还记得曾经听说过这样的一个故事：

德怀特·戴维·艾森豪威尔，美国第三十四任总统，他的一生充满了传奇的色彩。他是每个第一位晋升最快的总统，也是美国总统中第一位统帅过最大战役行动的人，当然他也是首位担任北大西洋公约组织盟军最高统帅的人，他还是美国哥伦比亚大学担任校长的第一位美军高级将领。当然，毕业于美国西点军校的他还是美国总统史上，唯一一位拥有五星上将头衔的人。从军人到校长，从战场到政治斗争，在很多人眼里，他的一生永远与奇迹、好运结缘。但并没有意识到辉煌背后的艰辛，成长背后的汗水。据说，在这位传奇总统少年时代曾发生过一件趣事。

艾森豪威尔年轻的时候经常和家人凑在一块儿玩纸牌游戏。

有一天全家人在用过晚餐后，又坐到一起玩起纸牌游戏。这次，艾森豪威尔的运气并不是很好,每一把都抓到很差劲的牌面。刚开始的时候,他还能忍住脾气,不过抱怨几句。但随着积累的次数多起来,他逐渐变得很愤怒,开始发起了脾气。

这让同桌玩牌的母亲看不下去,训斥他道:"你既然要玩牌,就不应该抱怨手上的牌的好坏。无论运气好坏,这都已经成了定局,你也无力改变。现在,你应该想办法把这一局玩好,抱怨生气也于事无补。"

母亲的谆谆教诲并没有阻止艾森豪威尔的愤怒。于是,母亲又补充说道:"生活就好像牌局,无论你抓到好牌还是坏牌,都是上帝发的牌,你都无法改变。既然手上拿着牌,你就应该面对,打好这一局。你所能做的,除了停止自己暴躁的脾气,然后认真对待意外,别无其他取胜的方法。对待人生也是如此,你只有让自己安静地思考,在冷静中让自己处于最佳的效率中,最后才能打好这一局牌。当然,这也正是人生本来最真实的意义。既然无从选择,就要尽自己最大的努力改变。"

母亲的这番话深深影响了艾森豪威尔之后的发展,让他能在浮躁的社会中脱颖而出,一步一个脚印地踏实前进。最终,他逐渐由中校、盟军统帅,成为美国总统。

上帝的选择我们无法改变,或好或坏,这都已经成为定局。一味埋怨并不能解决问题,也没办法改变现状。正如印度总理尼赫鲁所说:"生活就像是玩扑克,发到的那手牌是定了的,但你的打法取决于自己的意志。"

人在气头上,难免会被怒气所左右,但愤怒不是生活的主宰,愤怒产生不了能量。著名作家萧伯纳曾说过,以愤怒开始的故事,最终会以后悔结束。我们气氛中所做的事,往往会为自己和身边人带来很多麻烦,愤怒不仅不能解决矛盾,相反还会有损自己的形象。其实,生气并非勇者的表现,通常却是愚人自欺欺人的手段。

总而言之,我们应该把怒火放在心底,让心情披上雨衣。

为小事生气，必毁于小事

从前，有一头蠢驴，很喜欢生气，每每生气就喜欢破坏周围的花草。

有一天，这头小驴正在森林里散步，看见树上唱歌的小鸟，就生气地呵斥道："你整天就知道瞎唱，扰了别人的安宁，你知道吗？"随即，咬起树下的石子就往树上扔去，小鸟无奈地摇了摇头，飞走了。

不知不觉，小驴渐渐地深入森林，走过了沼泽，找到了一处安静地草地，准备坐下来晒太阳。突然，它又看到一只松鼠也在草地上晒太阳，它正在草地上的树桩上梳理自己的毛发，旁边放着它收集的一只松果。本来，小驴的心情还算不错。但看到小松鼠竟然看起来比自己更享受这里，突然变得很生气，说道："你长了一身灰毛，还站在树桩上，你是故意吓人的是吧？要是我发生什么意外，绝对与你有关。"松鼠无奈，匆匆衔着松果爬到了树上。小驴看到松鼠窜上大树，并在上面开始对自己做起鬼脸。立马气冲冲地用蹄踢了大树几下。小驴想要爬上这棵大树好好惩罚一下这个不礼貌的小东西，但自己并不灵活的蹄脚并不能随心所欲地攀上树干。即使前脚爬上去，后脚也很难使整个身体平衡。更何况小松鼠这时候距离自己还很远，根本不可能爬上去，更何况还要与轻巧灵活的松鼠缠斗。

这样一来，小驴的怒火就更上一层楼了。它不停地衔起地上的石子向树上扔去，但并没有砸中小松鼠。偶尔，石子还会被树干反弹下来，砸到小驴的脑袋。眼看自己不能把小松鼠怎么样，于是小驴就又狠狠地在旁边的草地上地踩上几脚。不小心，一颗石头划伤了他的蹄。这下，它就像炸开的锅一般，变得非常恼怒。它开始使劲地用头撞大树，试图摇动大树，让小松鼠失去平衡从上面掉下来。可他的力气太小了，完全不能将大树撼动半分，反而自己的头上还因此长了几个包。于是，小驴又改用脚刨挖草丛，要把大树的根刨出来，挖倒大树。时间慢慢地过去了，虽然小驴挖出了一个不大不小的坑，但根本没办法扳倒大树。只见小松鼠一边站在树梢上嘲笑着小驴，一边吃着手中的松果，偶尔还会对着它做起鬼脸。小驴气喘吁吁，却又无能为力，除了生气别无他法。

不知不觉，傍晚的霞光渐渐地透过森林的顶端飘逸到了草地上，森林开始变得危险起来，带着贪婪气氛的浓雾慢慢地在整片森林上空布阵传播。可直到听到远处隐约传来的狼嚎，小驴才开始意识到小松鼠早已离开，眼前的景象似乎又变暗了几分。小驴想到父母的告诫，立马转身要离开。可就在这时候，它看到了远处穿梭的几只敏捷的身影。这时候，它如果一路狂奔回家，或许会挽回一线生机。可就在路上，它被划伤蹄突然伤口崩裂，浓烈的血腥引来了四周的野狼群。小驴虽然努力奔跑回家，但终究逃不过狼群的追赶。结果可想而知，小蠢驴葬身狼肚，逃亡的路上一片血迹，惊心动魄。

生活中很多事情可以换个角度来看待，没有必要为了每一件小事让自己生气。因为生气只会让你失去理智，最终做出一些自己会后悔的事来。就像小毛驴一样，长期以来养成的随意发脾气的习惯让它即使身处险境也很难做到谨小慎微，即使在沼泽遍布的森林里也并没有改掉自己的坏习惯。因为觉得小鸟吵闹，就用石子砸跑了小鸟，它就会觉得洋洋得意。可它对自己的实力并没有完整的认识，这导致它在之后想用同样的办法赶走松鼠时，却收到了不同的结果。因为嫉妒松鼠的安闲，对松鼠发脾气。但又没有足够的实力让自己能爬上大树，虽然努力，也无法将大树撼动半分。既浪费了力气和时间，还让自己忽视了周围危险的环境，忘记提防四周随时窥视追捕食物的饿狼。就在它试图赶跑松鼠的过程中，它被周围的乱石划伤了腿，之后才会出现腿上伤口崩裂出血引来饿狼的后果。事出有因，一切皆因为它没能够意识到事情的严重性，任意让嫉妒和恼怒控制自己的行为。当处于失去理智的状态，很难做出正确的选择。

当然，当一个人对现状无可奈何的时候，可以选择换一个角度思考问题的解决途径。在小驴看到自己不能够爬上树干，自由地在树上攀爬，与松鼠缠斗的时候，就应该退而结网，让自己的实力变强。虽然小驴试过了自己能想到的尽可能多的途径，但最终都以失败告终。爬树、扔石子、挖树根、撞击树干……只要自己想到了的，都做出了尝试。事实上，小驴并不具备爬树的体格，扔石子并不能对身形灵巧的小松鼠造成任何伤害，而挖树根却是一个工程巨大却效率极低的方法，撞击树干简直是以卵击石。总而言之，小驴的失败也与它自己的实力有关。当被怒气掌控的时候，虽然无所不用其极，却铩羽而归。当面临这种情况的时候，我们想到的应该是换个角度，让自己冷静下来，反思自己的实力和立场。我们不能以愤怒作为动力，可必须要将变强作为最终的目标。当你真正的变成了强者，那么嫉妒便不复存在，由此引起的愤怒也将不再影响强者的心情和理智。虽然人无完人，人却应该不断地让自己变强，不应当成为情绪的奴隶。

愤怒只会让人引火自焚，无法让人变强大。只有变生气为争气，才能让自己走上强者的道路。

别让生气成为压垮骆驼的那根稻草

生活中很多无奈来自客观的社会现状，但很多却是从自己身上所引发的。生气，愤怒，只会让人在不理智的状态下作出不理智的选择，最后受损的还是自己。古人云，留着青山在，不怕没柴烧。让自己蛰伏在生活的角落里，韬光养晦，积攒实力才是通往成功的康庄大道。如果非要选择被怒火支配，挤进狭隘的世界里，留下的只有逐渐缩小的光明和悲哀愤怒的内心。

从前，有一个老板到工地上视察工人们工作的情况。就在忙碌的工地上，他看到了一个人正坐在工地旁边的休息室里翘着二郎腿，抽着烟，玩手机。老板对此非常生气，看着其他的工人在太阳底下晒太阳努力工作，只有他一个人悠闲地坐在那里休息，这分明就是躲懒。

于是，老板气冲冲地来到那个人面前，大声呵斥道："你一个月的工资多少？"

那人先是一愣，说道："3000。"

随后，老板从钱包里掏出3000块钱交给那个人，生气地说："我再也不想在我的工地上看到你，你从此以后不用过来了。"

那人微笑着接过钱，匆匆地离开了工地。老板立马盘查起该人的来历，问起身边的工人那人是做什么的。当得知对方并非他的员工后，老板懊恼不已，但这时候那个人早已离开了工地，不知所踪。

就这样，老板白白损失了3000块钱，还有在员工面前的威严。

我们对于生活中的很多事不能单纯依靠肉眼去判断，更不能在愤怒下作出选择。很多时候，愤怒会让人失去理智，生气情况下所做的行为只会让外人看到你的幼稚。故事里，如果老板在作出决定前，能冷静思考这么做可能导致的结果，可能也不会落下笑柄。当然，生活远比我们想象中的艰难，每一株带刺的玫瑰都会刺伤别人的手指，每一次危险的时刻都能夺走某些人的性命。从长远看来，简单损失钱财和面子并不很严重，最怕一次彻底的打败让一个人连重新站起来的机会也没有，更何况东山再起呢。

第二章 留得青山在不愁没柴烧，防火很重要

上世纪，一个风云变幻的年代，推出了多少英雄，又湮灭了多少故事在一片风雨中。一代枭雄，雄踞上海滩的著名人物——杜月笙，前半生横行上海滩，可就在英雄末路的时候被生生气死。

1949年4月27日，在一片春意盎然与战火狼烟的混乱中，杜月笙带着妻妾、子女、亲友数十人来到了当时的避风塘——香港。本打算在这里稍作歇息，再作进一步的打算，东山再起。可这里竟然成了他最后的一段路程，掩埋了他原本灿烂的生命，褒贬不一的人生。就好像命运故意安排的一样，这个曾经的霸王到老年时竟然这般光景。

抛下了大半生的积累，蜗居香港弹丸之地，原本不是这位民国枭雄的本意。就在解放后，曾发生过一起事件，让他动了重新起航的念头。

就在来到香港后不久，杜月笙的家中来了一位客人，中国商业银行的创始人，金融巨子陈光甫。这位中国金融界的天才除了来看望这位他一生中佩服的黑道人物外，还带来了一个好消息：北京中国银行派人来港，要与杜月笙、陈光甫、张公权、宋汉章等民国金融界人物见面，似乎有一种"招安回朝"的用意。杜月笙心里早已有了自己的盘算，但这件事逃不过蒋介石的眼线。杜月笙连续召集了多次会面，与众人谈论这件事，似乎也有说服众人的意思。然而，最终这件事却因为一些机缘巧合，还有钱新之的作用不了了之。这起事件对于杜月笙而言并不仅仅是一次谈判失败，甚至可谓算是与最后一次东山再起的机会擦肩而过。虽然自己多方努力，但结果还是无功而返。这件事努力的失败，成为了他一生最后时光最大的遗憾，也成了后来的祸根。

杜月笙的"政治倾向"成了某些人大做文章的借口，也成了杜月笙死亡的引火线。彼时，杜月笙身体已然抱恙，摇摇欲坠的身体已经日薄西山。一时间，社会上谣言四起，很多不堪入目或者令人恐慌的话不断地传到了他耳边，让这位曾经的一代枭雄无比气愤，又无比无奈。一连几天，

他只能躺在病榻上辗转反侧，不能入眠，身体羸弱到了极点。先后经过几位医师的诊断也不见好转，只得到了病入膏肓，精气神俱疲的诊断结果。时光流转，想当年叱咤风云的上海滩大人物，最后的时光却流落异乡，无尽凄凉。

有的人拿得起，也放得下。这种人是英雄，但并不是每个人在当了皇帝后还能做回乞丐的。有的人拿得起，却放不下。这种人也是英雄，历史上，现实中很多这样的人。由奢入俭难，这本来就是世间最常见的道理。如果看开了，自然会好，看不开的，却也大有人在。杜月笙的晚年光景虽说比常人而言也并不凄凉，可一下子从天上坠入地下，如何能承受。刚到香港，他便因病拒绝了蒋介石的邀请，决定在香港养病。虽然一般是因为年龄的原因，但不难看出还有部分原因正是对于过往荣华的牵挂，还有内心的忧愤哀怨。就好像突然间从天堂坠入人间，这份失败虽然并没有彻底打败这位大佬，却为之后他闭门谢客，性格偏向保守奠定了基调。随后，最后一次东山再起的希望落空，大大打击了他最后的雄心壮志，所谓的英雄末路也不过如此。后来社会上此起彼伏别有动机的恶语相向更是将他打入了万丈深渊，战斗意志也不复存在。虽说大多数人都明白留着青山在，不愁没柴烧，这个道理。但实际上能控制住自己怒火的人并没有多少。在生命旅程的关键时刻，他受到了恶语相向，怒不可遏，却又无可奈何。生命尽头，悲喜参半，或者正是愤怒烧毁了他最后的斗志，也烧毁了他生命最后的光辉。

留住青山，等待来年春天恢复一片茂盛。

挽回希望的那一瞬间

生活并没有想象中的那么漫长，也没有我们理想中的安宁。一花一世界，一树一菩提，转瞬之间沧海桑田。短短数十载岁月，为什么一定要让愤怒充满了我们整个生命？难得糊涂，如果将每天的日常生活装满了鸡毛蒜皮的故事，怎么可能会有多余的时间让自己变得更优秀。生活，来去冲冲，擦肩而过的缘分难免让人怀念，我们不应该让过多地精力放在别人身上，让怒气淹没我们自己的本心。相反，我们应该果断地抛弃那些小事，把主要的精力放在自己身上。让自己变好，才是对自己以及世界最好的报答。愤怒，并不是一件好事。

曾有过这样的一个故事：

很久以前，有一匹马行走在漫无边际的大草原里。一望无际的绿色草地上悬挂着烈日炎炎，没有树荫可以躲避太阳的暴晒，也没有湖泊可以止住干渴。四望无一物，这匹马装了一肚子的怒火，却不知道何处发泄。

就在这时候，它的马蹄被一块小玻璃碎片给割了一个伤口。这下子，就像捅了马蜂窝一样，这匹马的倔脾气瞬间从脚底冲上了大脑。于是，这匹马怒从中来，使出了最大的力气去踢这块玻璃碎片，可没想到一时疏忽，竟然踢偏了，让玻璃把自己的马腿划了一道深深的长伤口。这匹马非常生气，顿时火冒三丈，在周围急速地绕圈，并使得血流速度提升。不久，这匹马周围的一片草原都染上了一片鲜红，在炙热的阳光下显得格外耀眼。

随即，草原上的猛兽们嗅到了来自鲜血的诱惑，尾随而至，等待着攻击这匹已经受伤的马。眼看着四周危机四伏，马一路狂奔，试图摆脱困境。然而，随着奔跑，伤口逐渐撕裂，血流不止。这次，引来了草原上最凶猛狠毒的草原狼。不久，这匹马便在草原狼的围困中化作一堆骨肉，不复生命。

有的时候，我们喜欢钻牛角尖，为了一点小事生气、疯狂，让危险有机可乘。每一次生气的时候，就会变得冲动，并作出很多错误的选择，甚至会危及生命。人世无常，人情来往，世界远比我们想象中的要复杂，并不是按照所谓的规则就能顺利规避所有的危机。人要聪明，还需要智慧，不生气保持理智便是其中的一种智慧。在历史上，这样的例子也并不鲜见，卧薪尝胆的古人旧闻也如雷贯耳。

古代，有一位勇猛无比的将军，在一次征战中被打败，手下军队被杀被俘十之七八。将军落败后，与左右逃亡山中，等敌军离开后打算东山再起。

可是，敌军并没有退去的意思，并且逐渐将将军逼入了山中。敌人的军队将山丘重重围困，每日必将围困的范围向上缩小一段距离，以求俘获将军，让国家士气大挫。将军深知使命重大，如果自己被俘不仅意味着自己将失去生命，也将意味着国家新一轮危机的来到。于是，将军与左右躲在了山间的小洞穴内，等待空隙逃下山去。敌人终究还是找到了附近，四处都是搜寻的声音，将军怒从心来，却又不能有半分冲动。潮湿的洞穴环境比军旅在外还要艰苦，毒虫猛兽随时来犯，自己不得不随时提防。现在，还有军队的四处搜捕，更是让将军怒从心来，无奈无力。眼见无力回天，将军环顾左右，意将从山洞中出去与敌人已决生死方不辜负国家的厚待，也不枉自己一世英雄，将军不战死沙场又如何能面对厚遇自己的皇帝，对自己满怀期待的人民？于是，将军决意提刀走出去。

就在这时,他发现自己竟然把自己头顶的蜘蛛网给冲破了,蛛丝缠绵在自己身上让将军有些不适。正当要发火的时候,将军却看到蜘蛛正迅速地爬到将军眼前,吐丝织网。很快,刚才被将军冲破的蛛网又以另一种姿态浮现在了将军眼中。借着微弱的光线,将军又再次把蛛网弄乱。只见蜘蛛还是迅速又来回补着自己的小窝,似乎没有任何埋怨。

左右见将军出神,似乎也六神无主,只坐在原地看着将军。将军立马坐回原处,与左右一起躲在洞中隐蔽处。远处传来陌生的战马声,敌人四处捣动草丛灌木,一边寻人,一边说着风凉话试图惹怒将军。左右正在危难之际,却见将军满面笑容地看着蜘蛛一遍又一遍地织网,捕食。随后,敌人找到了山洞。只听见一阵混乱的脚步,眼见就要被发现,敌人却止步不前。"眼前蜘蛛网纵横交错,像是无人来过,我们不必再搜了,还是继续前进,不出三日一定能找到他们。"来人说完,带着手下离开。

果然,不出三日,将军带领左右逃出了山丘,回到了军营据点。将军率手下残兵共同击败了敌人,挽回了士气,不负众望。

试想一下,如果在洞中将军一怒之下,沉不住气闯出山洞,其后的结果必将是身死人手。随之而来的将是全军士气低落,国家的锐气被大大挫伤,虽然失败的看起来只有将军一人,但结果却不止一个人受到影响,甚至可能整个国家的命运也会随之改变。或者当时在将军的眼里,除了看到织网的蜘蛛在,还看到了一颗平静的内心。无论自己的家园被捣毁多少次,只要自己还有力量就一定要努力从头再来。即使再生气,即使再愤怒,也于事无补。自己如果力量微弱,能做的不过是尽力将自己保护好,将自己的生活过好。

身处危机,人自然也是聪明的。将军势必也想到了自己死亡后的许多可能性。虽然内心中有很多不甘与怒火,但冲动不仅不会救自己于危难,反而还可能引起很多不必要的牺牲。生命远比想象中的要坚强,只要还有一口气,就应该去挣。不要把这口气变成怒气,而是将它埋在心底,成为东山再起的火气。

何必为一时的怒火葬送一生的荣耀,我们要留取生命等待满目的翠色。

第三章
生气影响智商，思维混乱降情商

　　生气往往会蒙蔽一个人的心智，让人看不清眼前的状况。愚蠢的人往往会选择用生气来伤害别人，也伤了自己。怒火泛滥，它只会烧灼那些别人对我们真切的情感，毁掉我们心灵的最后一座城堡。

放下怒火,重新上路

生气会让人变得幼稚不堪,让一个人变得无法自控。如果说,心境和情绪影响一个人做事的结果,那么生气绝对是人类共同的敌人。

在路小时候,曾发生过一件让他记忆深刻的事,以至于多年后他还能把那件事完整地讲给身边的朋友们。

那时候,路才刚上小学不久,心里装满了各种各样的好奇。某天,放学回到家里,趁母亲出门买菜,他站在凳子上开始观摩母亲放在客厅里的一只花瓶。父母很珍惜这支花瓶,每天都会小心翼翼地擦拭一遍,然后放回客厅柜子的顶部。虽然花瓶确实很漂亮,但路觉得家里漂亮的东西很多,父母对这只花瓶却有着一种难以比喻的情感。偶尔,母亲还会往花瓶里放上几株鲜花,让家里看起来多了几分生气。但也仅限于此,路有时候会觉得,这支花瓶在家里的存在甚至超过自己。事实上,孩子是天下最敏感的存在。

就把玩花瓶的时候,突然一个趔趄,路抱着花瓶一起从凳子上摔了下来。只听到砰地一声，花瓶摔碎在地上，看着眼前的一切，路又是慌张，又是害怕。他一边哭着，一边试图用小手把花瓶的碎片丢到垃圾桶内。可那时候的路还很小，根本没办法处理好那么多陶瓷碎片。就在他手忙脚乱的时候，母亲回来了。看着眼前的一切，她立马明白了事情发生的经过。路害怕母亲生气，只是一边丢掉手里的碎片，一边哭着看向母亲。

他近乎满眼发光地描述当时他母亲的反应：他母亲张大了嘴，装作惊讶地对他说道："哎呀，你把这支花瓶打碎了呀。这下可好了，妈妈再也不用担心照看不好花瓶了。既然你做错了事，那么就陪妈妈一起给它们找一个好去处，把它们扔掉好了。"母亲拍了拍他的头，没有安慰，也没有任何一丝愤怒的表现，让他突然感到很安心，也是第一次在母亲面前有负疚感。

每次说起这个故事，他总不忘记填上一段话：那时候，我第一次害怕别人生气的样子，觉得一个人生气的时候会变得很恐怖。妈妈控制住自己情绪，试图安慰我。虽然我知道母亲在生气，但看到满眼的碎片，我才理解我确实比那只花瓶重要。后来，我长大了，才知道很多事情很难挽回，很多事情发生后就已经到了无可挽回的地步了。虽然父母很爱惜那只花瓶，但当时已经摔碎了，母亲再责怪我也已经无济于事。很长时间以来，我都很感激母亲当时的反应，如果母亲盛怒之下，哪怕是一个表情也会让我惧怕不已。

事实上，有的事只有长大后才会明白，世界远比我们想象中的要复杂，可人的情感却远比想象中的简单。每个人简单而单纯地对外界的刺激作出反应，如果别人把愤怒加诸我们身上，我们回报的将不可能是感激。对于一个生气的人，人们的第一反应会是觉得这个人很幼稚，甚至连自己的行为都无法控制，更何况是自己的人生和生活。人在愤怒的时候更是要克制住自己的情绪，有条不紊地面对眼前的问题，并试图解决好它。因为愤怒不仅无济于事，甚至还会让人失去理性决策的能力，作出错误的选择。我想，这样的生活并不是每个人想要得到的。覆水难收，成人是孩子最好的老师。当他们敏感的神经感觉到来自外界的愤怒时，哪怕是一点波澜，都可能引起轩然大波。通常，为了避免孩子们的效仿，长辈们应该尽量避免当着孩子的面生气，用正面积极的方式去教导孩子。因为，有的时候爱可以让人感觉到温暖，却也会在愤怒的时候带去伤害。

　　这样的故事在生活中其实并不鲜见，例如有的人会因为生气吃掉很多食物，最后导致肥胖脂肪肝等，既伤害了自己的身体，对于导致自己愤怒的事实也于事无补。又或者有的人因为生气，冲动之下作出很多难以挽回的错事，最终不仅自己要为自己的行为负责，就连身边自己的亲友也有可能因此受到牵连。再或者有的人会因为一时生气，作出与本意背道而驰的选择，让自己后悔不已，却又不能反悔……这样的事屡见不鲜，却有很多人对此视而不见，还是会因为一时的愤怒让自己追悔莫及。

　　虽然人无完人，我们不能苛求每个人都能做到尽善尽美，即使是上帝也不能创造出自己搬不动的石头，我们又如何对自己或者别人过分苛刻。俯拾即是的愤怒感情，从我们来到这个世界上就已经尾随而至，可有的人会选择调控情绪，有的人却会选择成为情绪的奴隶。一个人一旦被愤怒情绪所控制，这个人就已经不再是其本人。这个人失去了本来的理智，丢掉了原有的智慧，虽然明知道事后会追悔不已，但依旧我行我素。教育小孩需要控制自己的情绪，工作也需要控制住自己的情绪，否则一个冲动的举动甚至可能演变成宏伟的"蝴蝶效应"。皇帝因为愤怒杀死了忠心耿耿的谏臣，不仅让自己失去了一面明镜，甚至还会引起朝中上下的恐慌。其他人会想，这个人如此衷心尚且落下如此下场，明日自己也可能会因为一个风云变幻的脾气被推上断头台。母亲因为生气批评孩子，可能会扼杀掉一颗好奇的心灵。本来幼稚的心会思考，是否自己下次的行动需要撒谎来弥补，又或者干脆不做才不致招来责骂。

总而言之，生气让人失去了本该有的智慧，让人会在正确的轨道上出轨，甚至脱轨。那么，我们何不如放下愤怒，重新来过。

别用愤怒去伤害爱你的人

陈太太曾经是一个很优秀的舞蹈老师，在某地曾经也是一位小有名气的人物。可那些过往的辉煌，都随着一场意外事故变成昨日的云烟。没有人过想起她过往的成就，没有人问起她曾经的成功，更没有人想起她曾经的骄傲。现在剩下的只有一个固执喜欢生气的中年妇女，一段曾经灿烂的过往。

陈先生是一个普通且懦弱的男人，曾经是一个默默地在陈太太身后做她的贤内助，也曾经放弃自己在外地的工作随着太太来到当地打拼。当时，除了陈太太或许没有人想起他曾经的默默付出，没有人问起他现在的沉默忍耐，更没有关注这对夫妻的任何变化。总而言之，陈太太夫妇变成了社会上默默无闻的一对夫妻。单纯抛开陈太太喜欢生气，乱发脾气外，两人过着每一对夫妇过着的再平凡不过的生活。

很长一段时间里，陈太太一直埋怨命运的不公平，每每想到失败的经历就会生气发火。无论面前站的人是谁，她都能随时随地对陈先生大加指责。每个认识陈先生的人都为陈先生觉得不值，陈太太面对一整天辛苦工作的陈先生完全没有任何殷勤，甚至还会大加指责。而陈先生则一直抱着温和的态度，一边安抚太太的情绪，一边照顾太太的生活。这个男人，从某种角度看来，也成了这个女人生命中的另一部传说。

事实上,直到陈先生因病住院后,整个故事的始末才在朋友中间水落石出。很多年前,陈先生还是一个懦弱的人,陈太太却没有现在这样无理取闹,只不过她太过强势,导致陈先生一直压抑自己的情绪。可就在某个下午,这对夫妻因为一点琐事吵了起来。到最后,从双方嘴里溜出来的只有伤害对方的话语,以及一些相互积攒下来的埋怨和责备。人一旦处于愤怒中的话,就很容易把矛盾扩大化,说出来的话也早已脱离了理性的范畴。就在相互责骂的过程中,一直处于下风的陈先生突然对陈太太说出了离婚的底线,并迅速冲出家门。陈太太见状,虽然心里满是慌张,却因为陈先生先前伤人的话而强压住自己的真实情感,冷笑着目送了陈先生的离开。

明知这样下去,双方之间的矛盾难以收场,但这对夫妇依旧一意孤行,固执地等着对方认错道歉。陈太太仍匆忙地奔波于自己的事业里,陈先生也似乎乐得安闲,在公司附近租住一间小屋过着有条不紊的生活。如果说爱情能让人智商偏低的话,那么生气也同样能让人大脑缺氧,情商变低。两个人在自己新构建的世界里活的不亦乐乎,陈太太依旧在忙碌于教学和表演中,陈先生也期望能在现有的公司里有所表现,似乎一切也并不那么糟。

可就在几个月后,陈太太就在某次车祸中失去了双腿,职业生涯也随之就此打住。陈先生无可奈何,回家认错,请求妻子原谅自己,并决心照顾妻子的生活起居。这一照顾,就是数十年的时光,这对当年正当而立的夫妻如今鬓角也依稀有了几根白发。但即使如此,陈太太并没有要"原谅"陈先生的打算,相反,随着时间的积累,心中的悔恨以及积压的怨恼成了陈太太与陈先生生活中常见的调味品,个中酸涩只有身处其中才能明白。陈太太埋怨丈夫当初不能理解自己为家庭的付出和长久的辛苦奋斗,丈夫虽然嘴里不说,也还是很介意太太的种种强势性格。可正如前辈过来人常说到的，你生气所伤害的除了你自己，只有那些你所在乎的人，别无其他。每一段被怒火烧灼过的记忆总会带有斑斓的痕迹，每一颗被怒火伤害过的心都会留下深浅不一的伤口。哪怕最深的感情也经不起相互之间的伤害，哪怕最长久的积累也熬不过岁月的洗练。多少年两个人之间的相互扶持最后成了彼此伤害的理由，再深刻不过的情感最后成了彼此怨恨的源头。愤怒，把两个人之间最纯粹的情感燃烧殆尽。生气，让一对夫妻之间长久积累下来的情感一瞬间烟消云散，变成了恶语相向的理由。随着岁月的流逝，本来的误解已然不再是误解，成了任意发火的绝对理由。本来的愤怒已然不再是愤怒，变成了怨恨的最原始积累。如果不是命运由太多转折，或许他们并不会变成如此模样。可生活哪里有太多的借口和如果，它强硬地拗开每一次有机可乘的缝隙，生生地把每个人的命运变成一段变幻多端的旅程。

后来，陈先生出了院，还是一手推着陈太太的轮椅，一手提着随行的几件简单的行李。他满面堆笑地看着妻子，陈太太回之以微笑，俨然相互之间的误解已经涣然冰释。有的人，明明爱着却会选择去伤害，不仅仅是因为固执，或许也有内心中残留的怒火的作用。很多事情，到了最后已然不再需要理由，每个人记住的只有相互伤害的结果，已经不可能再想起当初的源头。如果不是一场事故，或许今天他们还能并肩散步。又或者，他们已经各奔东西。如果不是积压已久的怒火，又怎么能引爆那么多年的怨怼。愤怒，指责，伤害，或许错过会成为最终的结局。因为在气愤的作用下，早已忘记那些隐藏在日记本里本该永远延续下去的爱意。

很多时候，退一步海阔天空。多多为别人着想，或许就不会引发那么多的怒火，也不会有那么多的别离。只有愚者，才会借着生气伤害最爱自己的人。

生气会让人失去自制力

我们经常喜欢从外部寻找一次失败的理由，却很少站在客观的角度审视自己。事实上，很多事情需要沉住气的思考，却因为太过浮躁最终没有得到一直寻找的答案。生气，往往让一个人变得愚蠢而可笑，只能看到别人的坏处，却发现不了自己的短板。

汤一直在和朋友埋怨一次面试的过程，认为自己足够优秀能胜任那份工作，却还是擦肩而过。随即，他联想到了很多负面信息，便又成了一次新的抱怨。事实上，并不是汤不够优秀，而是因为他并不适合。

天气很热，空气中飘荡着烦躁的气氛，汤被约在公司总部进行最后一轮面试。他明白这次面试对自己的意义，因此处处表现的小心谨慎，以求完美无缺。最后一轮面试，他被面试官要求做一件事——把文档集合资料交给在大楼总经理办公的总经理。然后，再从对方手里拿到回函，交给面试官。

这件事看起来本来很简单，在汤看来，这甚至都称不上是一个面试。按照公司规定，1—15楼是普通员工办公区域，15楼以上到20楼顶楼则是高管办公区域，以及文件档案室等，而且只有普通办公区域才有电梯，再往上则需要爬楼梯，电梯口距离楼梯口之间似乎还有一段距离。汤需要拿着几个并不算重，却也颇有些重量的文件袋就这样从5楼到18楼交给总经理签字，然后再拿到5楼办公室交给负责人。但当汤来到15楼楼梯口的时候，却发现面试官没有把身份卡片交给他，导致他无法通过那里来到总经理办公室。于是，他又不得不回到5楼，找到面试官借取身份卡片。

只见面试官微笑着安慰他，并把一张比手掌小一圈的身份识别卡交给他，叮嘱他一些其他的注意事项。汤在检查确认完毕后，又乘坐电梯来到了15楼，这次顺利度过。就在来到总经理办公室的时候，汤被秘书告知，总经理正在处理公务，他需要在会议室等待一段时间。随后，秘书小姐拿来一本杂志和一杯水，汤安静地坐了下来准备安心等待总经理处理好工作。就在他刚准备要看第二本杂志的时候，秘书走进会议室，告知他可以进去总经理办公室了。

随后，汤被总经理告知，文件上没有面试官的签字，也没有部门印戳，自己不能签字。汤听完，立马就感到一些不舒服，明知公司的规矩这么繁琐，为什么还要让自己一个外人来做。虽然自己可能在将来成为这家公司的一员，但现在他们这么做，虽然是考验，指不定是一种创新的整蛊方式。但这份工作，汤感觉不错，因此也不想那么容易放弃。于是，又来到了5楼，找到主管签字，并让其再一次确认文件是否合格。临走前，主管给了他一盒东西，让他交给总经理处置。汤眼看着面试从早晨持续到了下午，心里又是焦急，又是疑惑。但他还是决定再一次来到了总经理办公室，把文件和盒子一并交给了总经理。

总经理笑着对汤说："这份文件是行政让他交给我签字的，说是之前关于公司采购办公文具的一件小事，本来不用他签字的，但因为习惯性地看落款签名了。所以，没有看正文，就让你下去要他的签字。"随后，摆手让他坐下，似乎还有话要说。

可汤却非常生气地对经理说，这本来就不是一件大事，为什么不能让公司的行政助理来做。而且，这种根本算不上是面试，简直就是在整蛊。现在，看不出来公司考验到了什么，倒是看出来公司并不尊重应聘者。来回上下跑，就为了一件小事，真难想象这种复杂的程序真的能创造出一个强大的经济王国吗。仅仅一个无关轻重的行政审批，都需要自己花费了这么长的时间，那么到底有多少时间话费在其他正事上。随即，把盒子狠狠地放到了经理面前，准备离开。

这时，经理叫住了他，对他说道："今天本是要你过来签约的，但人事主管觉得你可以先经手做一些助理的工作，就先拜托你做了这件事。这个盒子里，有一份合同，还有他要送给你的一些小礼物。现在，合同或许暂时不需要了，不过礼物可以交给你。虽然这些并不是你将来主要的工作内容，但我敢保证如果你正式入职后，工作内容将会比这个要枯燥得多。日复一日面对内容不同，但格式却完全相同的表格，如果受不了别人的一点疏忽如何能受得了工作后的繁琐。"

之后，汤虽然心底有后悔，但还是义无反顾地离开了。只不过是一步之遥，汤瞬间就从唾手可得的职业生涯中回到了原点，之前一切的计划瞬间化成了泡影。事实上，生气会让人失去自我控制的能力，随后会做出一些让自己后悔的事。明知道近在咫尺，自己距离成功只有一步之遥，但最后因为生气而功亏一篑。生活和工作并没有那么多缠绕着盛大光环的事件，每一天最主要的内容还是在于一点一滴的小事，重复且枯燥的小事才是生活最大的主题。并不是每个人都能做到今天做文案，明天跑案场，更不可能做到每天的工作内容日新月异。工作远比想象中的要枯燥的多，因此所谓的成功最大的捷径正是十年如一日的努力和奋斗。因为一点小事随时随地生气的人，根本无法理解若干个在夜晚熄灯后还在努力耕耘的人，他们看到的不过是日出后光鲜的生活罢了。并不是大家都默认相同的生活模式，不过是成功虽然各不相同，但每一条通往成功的路径却有着绝对的相似。难过，后悔，是青春与不成熟最大的明证，每个人大可不必为自己的稚嫩而烦躁，因为生气只会让人变得冲动且愚蠢。

汤失败的原因并不在于不够优秀，而是在于生气让他放弃了走最后一步的决心。生活往往如是，不是不够坚持，而是忘记了初心，走不完最后一步。

生气的代价要赢用一生偿还

有时候,我会在想,有的人明明很优秀,也很有实力,正值天时地利人和却总也无法与成功结缘。虽然说每个人的生活有着各自的苦楚,但每一个失败却有着各种相似的原因。

少年时代的他是一个好强斗气的人,每一次生气都会为身边的人带来巨大的灾难,每一次回到家都是伤痕累累的疲惫。他每次说起那时候的情景,满是怀念憧憬,总说那是他最风光的时刻。但据阿姨回忆,每次他负伤回家,父母都会担心不已,为他四处奔走买药治伤。后来,父母甚至开始害怕他的每一次外出,忧心他会带着伤痕回家,甚至会一去不复返。可即使如此,生气依是他最常见的玩伴,每次冲动后带来的只有伤疤,差别不过是深浅和数量而已。

后来,发生了一件事让他发生了短暂的变化,也就此一定程度上改变了自己的命运。就在高三那年,他的一位好友,所谓的兄弟在一次斗殴中被杀死。被发现时,他早已变成了一具尸体,冰冷冷地横亘在野外的路上,荒芜的道路旁长满了野草,血腥味渲染了整座城市的安宁。他没有勇气去见他最后一面,送他最后一程,那时候大家还那么年轻,意气风发。可就在一瞬间,生机勃勃的生命消失在了某个不知名的角落,变成了别人口中的传说。街头巷尾的谈论中,总也离不开这个年轻的教训。这件事发生后,他决定一改往日的作风,安心在家复习准备考试。他与父母进行一次别开生面的谈判,决心留级一年准备第二年的考试。那一年,他改掉了之前的暴脾气,一心在家学习备考。

他的优秀之处在于，当决心做一件事的时候，必定不会失败。于是，次年他如愿以高分考上了国内一所知名的大学，并入学了自己最希望学习的专业。在那里，他安然度过了四年的大学时光，优秀地完成了毕业论文，顺利来到了他后来的公司——一家业内比较知名的跨国集团亚洲总公司。作为一名应届毕业生，能进入这样的一家企业似乎并不容易，足可见他当时的优秀与努力。

可毕竟江山易改，本性难移。刚步入社会，他原来的暴躁脾气就暴露出来了。言语上的一点不和就能引得他暴跳如雷，唇齿相讥。稍稍有一点不痛快，他选择的第一条路径就是生气，明争暗斗成了办公室最大的调剂。他业绩颇佳，工作认真负责，便更是为他招来了不少的风波。他生气冲撞了客户，上司不得不亲自去道歉；他发怒与同事吵架，上司又必须要出面调停。虽然事出有因，客户希望能从公司里拿到回扣，还四处诋毁，他忍无可忍便生气冲撞了这位客户。同事事后传播他的坏话，冷嘲热讽，工作不认真还必须要他随时出面善后。最后，他一生气，借着某个时机把同事从头到尾训了一遍。同事回嘴，他怒气冲天地直接指出同事的不足，恶语相向。后来，上司出面调停才得以化解。

这种事情多了，他自然也就成了圈子里的名人，虽然他随时会因为一点小事和大家争的面红耳赤，但却不自觉成了众人议论的焦点。这样看来，命运似乎对他不薄，可命途多舛，随后发生的一件事似乎毁了他的一生。那时候，他正在办公室忙一件重要的业务，突然同事站起来用一只凳子砸向他的脑袋。这之后，他留下了轻微脑震荡的后遗症，记忆力也大不如前，工作自然也难以跟上节奏。不久后，他决定辞职创业，打算借着之前积攒的资源从头开始。

有人曾说过，上帝的眷顾是有限的。那之后，他的生活并没有得到命运过多的眷顾。因为暴脾气，随时可能对客户、属下生气、发火，且在大公司长久以来养成的习惯让他根本无法适应小公司创业的灵活性。他不能随时发脾气，因为这次除了自己没有人再可以为自己负责；他不能随便对属下发脾气，因为再也没有一个人随时会为了团队利益出面调解。生气不仅让他的事业和社交不止一次出现危机，还让他的生活不得不面对各种各样的额外的困难。他的第一任妻子，因为受不了他随时发脾气的性格，在婚后第二年提出离婚。第二任妻子，陪她走完了人生辉煌的几年后，便也拂袖而去。现在的他，依旧保持着当初的我行我素，却少了当初的魄力，身边的朋友也逐渐少了很多，没有人再去听他酒后的牢骚，也没有人陪他度过酒后难熬的发酒疯时刻。他每次生气就会随意动手，或许正如他高中生阶段一般，可惜如今的他已经不再是当初那个有父母为他出面道歉的稚嫩青年，也没朋友们善意的劝阻，每次垂头丧气的求助让人无奈而悲哀。

我想，生气剥夺了他本该顺利走完的命运，也顺利夺走了他的理智和情商、智商。生活中没有太多机会让我们后悔，也没有太多的人愿意给我们机会请求原谅。他的一生，或许就这样走完，或许还有转机，但他过去的辉煌与成就却早已与今日画上了句话。看到怒气冲冲的他，很少有人回想起他A大毕业生的背景，很少有人会回忆起当初风光站在讲台上为后辈做演讲的少年，也很少有人会赞同他曾经是一个疼爱儿子的好父亲。现在的他，或许会在某个醉酒的瞬间想起当年斗气好勇时的风光，还会想到生气时别人胆怯的眼神，却再也想象不出家人为自己担惊受怕时的景象，想象不出孩子眼里的陌生感。

如果说，这是生气的代价，或许太过沉重，有的人需要用一生来偿还。

被怒火毁掉的事业

曾有人说过，不为简单的事烦恼，不因复杂的事生气，不在生气的时候表达感情，不将气愤带入决策中。这句话说的事，一个人不能因为一点小事而烦恼，这并没有必要。如果复杂的事就更没有必要为之生气，因为生气也没有用。遇到生气的时候，不必急着表达自己的情感，先让自己冷静下来再说话。而如果要做决策，最好让自己远离生气的情绪，因为这会影响一个人的客观判断能力。虽说世间事难预料，但我们能做的除了听天由命以外，还有尽人事。控制好自己的情绪，让自己随时有准备地迎接命运的恩惠、

从前，有一个将军镇守在荒芜的沙漠边关。他一生戎马天涯，最终却沦落到需要镇守这么一片荒芜之地，将军无论怎么想也想不通皇帝陛下这样安排的用意。当初劝将军镇守荒漠，皇帝只说了将军一生戎马，带兵打仗最是在行，如果换别人去他似乎并不那么放心。于是，将军带着六旬的年纪离开家人来到了这片茹毛饮血的荒芜之地。既然是皇帝的命令，自己如何能违拗，将军只身一人带着他的士兵们出发了。

安营扎寨，种树养草，训练士兵，将军无一不亲力亲为。将军脾气暴躁，无论是对待士兵，还是对待军队里的马匹，都是一副随时准备的样子。在士兵眼里，这是一位明事理的将军，但执行军法的时候，却又毫不留情。一旦士兵犯下任何错误，无论大小，他都会大加指责。在将军盛怒下，没有人敢有半分反驳。物极必反，将军虽然树立起来了自己的威严，但随之而生的也有部分军官眼里的敢怒不敢言，随时随地被将

军责骂、责打，让自己在属下面前颜面丢尽。久而久之，军队逐渐演变成了一言堂。

对待军马，将军也是如此，一旦有马不听从他的指挥就会招致一顿皮鞭。在这几十匹马里，他最不喜欢一匹黑马。这匹马黑瘦干瘪，完全没有传说中军马的雄风。这匹马还是一匹烈马，无论将军如何责打，这匹马熟视无睹，全无任何一声嘶鸣，将军对之也更加严格。相反，对另一匹则务必宽容，对人只说是天生骏马，无需过分严格训练。对人，将军也如此，有时候也会根据心情来对待属下的士兵。虽然长久的规范养成了军中正规军的风范，但这一切经不得细看。将军尚未生气的时候，众人只需要做好基本的事就好了。而一旦将军正在气头上，大家又会谨小慎微，坚信自己不做就不会出错。这种风气，在这里弥漫，成长起来，渗透进了每个人的心底。

将军心满意足地看着自己一手培养起来的队伍，再望向远处满眼的黄沙，似乎又恢复了往日的雄风。驰骋沙场，手下精兵健马，敌人闻风丧胆。千里追敌，全军誓死跟随，他觉得距离这样的场景并不久远了。

然而，随之而来的边疆战事打破了他的幻想。某天深夜，敌国军队突然来袭，军营四周响起了敌人的号角。一瞬间，士兵们都慌了神，四散开来。将军很久没有经历战事，就站在中央怒吼让众人冷静下来，准备抗敌。但眼见大家衣衫不整的样子，将军也知道形势难保。随即，迅速拿上武器准备乘上战马。

这时，将军却发现那匹平时很温顺乖巧的骏马这时候已然不知去向，唯独剩下那匹黑瘦烈马却依旧在马厩旁傲然而立。将军明知这匹马性格刚烈，但想到自己如果有半分迟疑属下士兵更会慌乱不堪。将军奋勇杀敌，仅剩下的士兵们也坚守到最后，但这场战争还是以失败告终，逃兵太多，力量对比太强烈。将军被逼到悬崖边上，这时留给他们的路除了投降外，就是死亡。突然，将军战马嘶鸣，愤然一跃跳上对面隐藏在雾霾中的另一座山崖。将军奋力逃出敌人的包围，一人一马，舍命狂奔来到了最近的哨岗。天未明，哨岗内灯火通明，一片寂静的景色迎来了第一位满身鲜血的客人。将军被哨兵迎入了军营，只剩下风烛残年的斗志，与满腔的悔恨。自己向来满心骄傲，对人也刚正不阿，为何还会有人在危机中弃自己于不顾，为何每一个士兵不能做到临危不惧，为何自己临到人生末路的时候要经受这么大的打击。一生征战无数，战无不胜的丰功伟绩悬挂在家乡的牌匾上，最后也不能挽救这场战局。将军越想越觉得上天对自己不公平，却又无能为力。

后来，战事平定，将军带着旧部扫平了整个大漠。这场战争虽然总的来说是以胜利结束，但失败的却是将军。随后，将军请辞告老，终其一生也无法明白自己当初失败的地方。他忘记了自己曾经盛怒不已的样子，忘记了士兵们眼里的恐慌，也忘记了自己曾经自己手中马鞭上沾染的血迹。人总是不愿意想起自己的过失，为此往往要去粉饰过去的记忆，让自己在辉煌的记忆里沉醉不醒。年轻时候，凭借着一腔热血创下辉煌。但也有一次，因为愤怒错手处死副将而差点儿导致军中情报外泄。某次因为一时无法控制情绪，重责属下，差点儿害的自己被复仇者杀害。所谓的怒火，只会在你不经意间烧毁你长久经营的长城，让你在恍惚间失去了长久勾勒出的宏图伟业。将军晚年郁郁而终，中就想不起过往的种种，只不过晚年时光里会发现自己已经无力挥起鞭笞他人的鞭子，无法再让自己的怒火后平静地思考问题而已。

有的事，时光永远无法告诉你答案。

第四章
计较事计较物,计较让人生没有路

　　计较的人永远不会变得富裕,计较让人没有出路。开源节流,有人总是斤斤计较,把眼光放在节流上,死死扣住一点蝇头小利不放,丢了西瓜捡到芝麻。何不如打开一扇门,引来活泉,放宽胸怀,把生气引开。

温柔的回报

很多事情,你无法去计较。如果是既定的事实,你无法改变,计较只会让你浪费时间,浪费力气,对事情本身并不无助益。如果事情还可以挽救,你计较也不过是瓜分自己的精力,让自己的重心偏颇,事情依旧在继续,自己什么也得不到。因此,计较只会是贫穷的根源。

在美国中西部的某个小镇上,住着一个叫作汤姆的青年。某天傍晚,他一个人独自驾车行走在单行道上,在回家的路上。在这座小镇上,他的生活节奏缓慢的就好像一架行驶在现在公路上的畜力车。这时候,距离他上一次的正式工作已经有一个多月了,但他仍旧没有放弃。正值隆冬时分,天气有些儿湿冷,让人难以忍受。是啊,这种时刻除了外迁的人,谁还会穿行在城中心到城郊的公路上呢?

就在这座他所熟悉的小镇里,他一次又一次送别了曾经的好友,他们都有着各自的梦想,也有自己生活的烦恼。但这里毕竟是他的故乡,承载着他童年时代的梦想和回忆,还有他已故父母留下来的"家"。他习惯了周围的景色,甚至于能闭着眼在这座小镇绕上一周。他的车灯早就坏了,但他自信自己能认得回家的路。随着天色渐暗,雪花堆积得越来越厚,他暗自告诉自己,必须要尽快回到家。

这时,他瞥见困在路边的一位老太太。天色很暗,又在这么偏远的地方,如果不是遇到他,估计很难有人经过施援。他一边思考,一边把自己的车开到老太太的奔驰车前停下。虽然他已经对老太太表现了极大的善意,但他仍旧看到老人脸上留存的紧张。在这种情形下,难免会有人想要趁火打劫。更何况,这里四望无人,如果真要发生什么也很难有人立马前来救援。

他立马看出了老太太的心思,随即说道:"女士,我叫汤姆,是来帮助你的。你先坐到车里,里面暖和一点。"汤姆检查后,得知不过是老人的车胎爆了,只需要换上备胎即可。于是,汤姆钻到车底查看老太太车的情况,看看哪个部位可以用千斤顶把备胎装上。就在他爬进爬出的时候,不小心蹭破了自己的裤子,衣服和身上都满是泥土。最后,汤姆还是顺利把备胎给装上了。随后,老太太摇下车窗,对他讲述了自己的经历。她从大城市来到这里的时候,车坏掉了,自己不敢下车查看,很感谢汤姆能停车给以帮助。汤姆一边听,一边把爆掉的轮胎和使用的修车工具放回后车厢里,随后满面微笑地关上车门。当老太太问汤姆,自己应该支付他多少钱时,汤姆谢绝了老太太的报酬。虽然在老太太看来,如果没有汤姆停车帮她修车的话,她可能就要在这里待上很长时间,而这样的后果是难以想象的。

事实上,汤姆也没有想过这次的行为能让他从老太太那里得到任何好处,只不过是出于自己的善良罢了。他从来没有把自己的任何善举会成为自己收入的来源,更没有想过将其变成一份职业来做。他想的只是,只要别人有困难,自己就应该随时伸出援手,这正是他此生做人的准则,也是他快乐的源泉。于是，汤姆对老太太说道：如果真想报答自己，可以在下次看到别人有困难的时候，可以施以援手，帮助别人解决困难。

汤姆亲眼看着老太太的汽车远去，虽然这一天并不是很如意，但至少他帮助了一个请求援助的人，心情似乎变得好了很多。无巧不成书，就在老太太离开那里后，把车开到附近的一家咖啡馆。她打算在那里休息一段时间，吃一点东西，暖暖身子再出发。这家小咖啡馆非常小，而且似乎还很旧。在门外，有两台加油机在运作。室内，也只有一台收银机，还有一台完全被时代抛弃的电话。随后，女服务员为老太太送上来一份菜单。当看到女服务员温暖的笑容后，老太太瞬间变得舒服了很多。但这个女孩子肚子高高地隆起，看起来至少有 8 个月的身孕，但日复一日的劳作并没有让她收回脸上的友善与热情。老太太想着，到底是什么让这位孕妇必须要工作，并且还能保持这么高的热情呢？这个女孩让他想起了帮助过她的汤姆。

当女招待拿着老太太给的百元正钞去付款回来时，却发现老太太早已离开了咖啡馆。随后，女招待在老太太桌上的餐巾纸下看到了她留下的另外 300 元，以及一张纸条：你对我并无亏欠，我只不过是在向一位曾经帮助过我的人致谢。如果你想要报答我，你可以把这份爱心传递下去。

当天晚上，女孩回到家中，拿出了老太太留给她的纸条和钱，想到自己即将在下个月出生的孩子，还有当时的困境，似乎有感到温暖了很多。她发自内心的感激这位雪中送炭的女士，要不是她，她和丈夫就连孩子出生要用的钱都无法准备。虽然如此，她依旧对此感到很满足，因为她的丈夫汤姆是一个善良且勤劳的人，她相信之后的日子会更加好。夜里，她翻了翻身，又陷入了熟睡中。

生活就是如此，你看不到的并不代表不会来，你等不来的并不代表不存在，所有善意的施与终将会得到命运的回报。虽然不一定是及时的物质资助，但一个温暖的微笑或许已经足够让心里多天的阴雨转晴。生活中，随处可见的阳光，只要不被愤怒和抱怨蒙蔽双眼，最终都能看到太阳。

计较太多，人生的收获就越少

所谓傻人有傻福，说的是人不必太过计较，把心态放宽，这样才更容易感到满足，享受到被自己平时忽略掉的幸福。

做人不能太过计较，否则失了肚量，也减了名声。

从前，有一位宰相找来一位师傅修面。其间，师傅不小心分神剃掉了宰相的半边眉毛，师傅担心不已。宰相位高权重，如果发起怒来，自己的小店可能难以在京城存续下去。正当师傅处于左右为难的时候，他突然想到了宰相肚里能撑船的这么一个俗语，于是灵机一动，想出了一个妙计。

师傅立马用双眼直愣愣地盯着宰相的肚子看，一副出神且崇拜的表情。宰相看到后，感到很是惊讶，立马问师傅为何如此看他。

师傅立马傻笑着回答道："人家都说，宰相肚里能撑船，可我却看到大人的肚子并不大，如何能撑船呢？"

宰相听后，心中欣喜异常，笑道："这句话是用来形容度量大，能容天下大小事，不是说肚子大的意思。"宰相心想，这么一个乡野草民也知道这样的典故，想来大家眼里自己的形象并不算太差。顿时，心情变得舒畅起来。

师傅看到宰相脸有喜色，随即跪拜在地，带着哭声说道："宰相大人恕罪，大人有大量，刚才小人在修面的时候不小心剃掉了大人的半边眉毛。"

宰相听完这话，立马怒从心来，正当要发作的时候，忽然想起自己刚才向师傅得意炫耀自己胸怀的样子，便又忍住了怒气。心想，自己身为朝臣之首，如何能为了一点小事就勃然大怒。于是，他豁然开朗地说道："人生在世，孰能无过，但能知错悔改必定能成大器。之后我只要重新画上眉毛就好，无需过多责备你。"他深知这话并不完全是说给眼前的修面师傅听的，还有左右的家人，助手。很多人犯下微不足道的小过错，往往并非出于他们的本意，事情发生后虽然会引人不快但并无大错。一个人如果身居高位，却每天把时间用来为这种小问题烦恼，不仅浪费了时间和精力，还落下笑柄。

青年时代的宰相因为出身贫寒，人却十分聪明，在同龄人中十分出众。他少年时立志，一心求取功名，满心期待能够有朝一日在朝堂之上将家国天下的宏图大志展现给天子。可因为家庭的缘故，自己的一切努力并不被人所看好，处处受气，冷嘲热讽早已成了家常便饭。但他最终还是熬了过去。没有人会忘记光明到来前漫长的黑暗，也没有人会轻易地把生活中艰难的片段随意抛诸脑后。他经历了赶考路上的漫漫无望，经历了考场上艰难的抉择，经历了初入官场时的艰难蜕变。他也会有年少气盛的冲动，也会有愤怒的时候。但在几次官场沉浮之后，又似乎变得心平气和了很多。他因为愤怒，放火烧毁了被下属私吞的民财。他一时生气，重责了偷盗财物的仆人，结果却发现仆人是因为家贫要照顾家中病重的母亲不得已而为之。他曾在侍郎的任上，因为愤怒参奏了将军大人，导致被贬到南方寒湿之地，一去就是数年。待到了那里方才知道，自己一时性急，并没有了解事情的始末就参奏上听，最终招来祸事。想来想去，要不是自己年少气盛，如何导致后来的波折。盛怒之下，难免会犯下这样那样的过错。越是责任重大，就越不能被容忍犯下半点过错。

很多事，想开一点就会宽心很多，何必让怒火攻心，自己为难自己。

天下事，多是自寻烦恼，为自己招来怒气惹得闲气，伤了自己的身，得意了别人的心。所谓宰相肚里能撑船，越是做人领导，就越需要更高的容人之量，既要对上负责，还要对下负责。当下属犯下错，虽说未必一定要纵容包庇，但即使着急恼怒也于事无补，归根究底还是要把问题解决才能对上有所交代。对属下如果过分严厉，又会导致属下人人自危，难免心有余悸，稳定性也不能保证。因此，先解决问题方是最佳捷径，也为自己的怒气留下缓冲的余地。唯有度量大了，能容人所不能容，一边稳住了军心，一边对工作负责。两全其美，又何乐而不为。退一步海阔天空，人生百味，何必自寻烦恼。

　　菩提本无树，明镜亦非台。本来无一物，何处惹尘埃。世界本来有着自己的模样，你看在眼里的永远是你心底绘出的模样。每个人都有各自的烦恼与喜好，己所不欲勿施于人，当用别人的过失填充自己的心怀时，哪怕天大的智慧也留不下半分余地。生气只会让人变得愚蠢，生气冲动永远是错误的源头，斤斤计较绝不会让人更开心愉快。为了小事生气，或许可能赚到半分便宜，但究竟还是会让了损伤长远的利益。人生就好比一壶水，人们慢慢地守着自己微弱的幸福，一丁点的沸腾最终都会引来半壶水的溢满。忍受着脚下人生的煎熬，慢慢地把水壶填满，煮一壶茶慢品人生。虽然有的人终其一生也不过换得丁点儿水滴，有的人无需半点力气便可以赚得一世无忧，少了可以自己争取，多了可以放下。有的事情成了绝对不可违抗的事实，那么就不要再过多计较，换回来最多是满腹的牢骚和气愤。有的事从一开始就已经把命运确定了一半，有的事直到结束方才知道结局。就算你往这壶水里放入世间最苦的茶，只要悉心照顾，也会熬出最美的味道。忍得住煎熬，受得了闲气，才会养出最温顺的茶水。计较太多，总会发现别人太满，自己太少，太多的不平衡存在身边。生活太多烦恼解不开也放不掉，放宽心或者更好。

留一半给别人走

很小的时候,父母总会教育我,人不要经常生气,要在心底里留一半的空间给别人走过。人要学会大度,方能装得下天下,才会长成大树。

伟大的人多数并非一蹴而就,而是长期积累的结果。漫长的道路,要是不能学会忍耐宽容,如何才能有大成就。著名的欧洲英雄拿破仑,便是一个经历千辛万苦才成就一座帝国霸业的人。他的一生真的可以用传奇来形容,而其中也不乏很多有趣的小故事。

在拿破仑的军队里,士兵素质良莠不齐,经常会出现士兵犯下一些小错误。但每次拿破仑在批评士兵的时候,却绝对不会让人感觉盛气凌人、颐指气使。因为他明白,战争的艰苦已然超出了人类自身预设的艰难,如果太多的外界压力则会导致适得其反的效果。并且,他这么做不仅能良好地顾及士兵的情绪,增加士兵对自己的敬畏之情,还能增强队伍的团结气氛,提高集体战斗力。

有一次,拿破仑带领军队远征意大利的途中,拿破仑正在夜间查岗。突然,他发现一名夜间站岗的士兵正倚靠着大树睡觉。他并没有立马发火,喊醒士兵,反而拿起士兵的枪替代他巡岗。随着时间的流逝,士兵醒来发现拿破仑正在替代自己巡岗,羞愧不已,又惶恐不安。拿破仑看出了他的心情,随即微笑着对他说道:"朋友,我把你的枪还给你。大家正在为国家而战,长时间走下来确实很辛苦,难免渴望休息一下,这我能理解。然而现在战况危急,你刚才的一时疏忽可能会引发滔天的灾难。我刚好路过,又正好不困,就替你巡逻了一会儿。不过下不为例。"

拿破仑语气坚定，却全无一点过分责难的意思，也没有破口大骂。这样一来，既让士兵知道了自己的错误，也不会折损士兵的斗志。如果他立马表现出生气的气势，并且大声责备士兵，虽然暂时能看到震慑的效果，但一方面可能会导致士兵产生反抗心理，另一方面也损害了自己在士兵面前的威信。一个随时被愤怒控制的将军，很难想象能够率领他的士兵做好作战策略，决胜于千里之外。军人除了要有过人的勇猛外，还需要具备超乎常人的忍耐力和冷静。对于将军而言，宽容非但不是懦弱的象征，反而是一种风度的表现。

事实上，在人类短暂的几十年生命中，也很需要宽容与坦然。这些从生命长河上空看来微不足道的品质，却成了生活中快乐与幸福的源泉。宽以待人，并不是为了寻求别人内心的感激，而是为了找到自己的心底渴望的阳光。

齐襄公有两位公子，一位是鲁国母亲生的公子纠，另一位则是莒国母亲生的公子小白。曾经，管仲对鲍叔牙说过：齐襄公薨后，将会有公子小白继承王位，并非公子纠。我二人分别给两位公子做老师，无论最终谁成了国主，我们都应当相互向自己的主上引荐对方。

于是，管仲成了公子纠的老师，而鲍叔牙则成了公子小白的老师。

话说回来，齐襄公并非一位明君，当被大臣杀死后，大臣们把身在鲁国的公子纠迎了回来，当时的公子小白也正在莒国。于是，鲁国与莒国分别派人把两位公子送回国。管仲生怕公子小白先回国，就事前设计打算射伤公子小白。公子假装中箭，骗过了管仲，随后带着老师鲍叔牙快马加鞭地回到了齐国，并成为了齐桓公。

但一波激起千层浪。鲁庄公听到公子小白继位成为齐桓公，异常愤怒，并派兵攻打齐国。结果，齐国战胜了鲁国，并施压鲁国杀死公子纠，将管仲遣返回国。

这时候，鲍叔牙想起了当初与管仲的约定，劝齐桓公不要记恨当初的一箭之仇，应当起用学识能力俱佳的管仲担任丞相。

齐桓公在思考后，答应与管仲见一面，看看对方是否真如鲍叔牙所说的人物。

桓公于宫中见到了管仲，听管仲讲述了他的治国策略，管仲在桓公面前侃侃而谈，桓公则津津有味地听着管仲的论述，这次交流持续了三天三夜。从此，齐桓公决定将自己的社稷交给管仲，并称之为"仲文"。这次起用，直到管仲生命的终点，成就了桓公一时霸主的地位。

有时候看来，把愤怒和怨愤留给别人也是一种克敌制胜的捷径。齐桓公任人唯贤而不惟亲，虽然心中仍旧记得当初设计试图射杀自己的管仲，但并没有因此拒绝鲍叔牙对他的举荐。千里马常有，而伯乐不常有。如果说齐桓公是一个肚量小的君王，或许就在听到这个为自己曾经的政敌出谋划策的谋士时，便立马火冒三丈，不分青红皂白完全不考虑起用这样的人。甚至还会像历史中其他的君主帝王一样，因为惧怕别的国家将之纳为己用而杀之。因为，在斤斤计较的人眼里，世界上只有一条路，既然自己已经走上了，那么别人也不能与之并肩同行。在他们心底只会为自己预留下位置，别人就连路过的权利都从未有过。每当睁开眼，看到的永远是别人的坏处，每当闭上眼，想起的永远是自己的付出。这种人的一生过得太过辛苦，随时会被怒气占据生活的各处小角落，即使悲天悯人也充满了对于外界的戒心与愤怒。就像一头受伤的野兽，四处都是敌人，随地布满了别人设下的陷阱。这样的生活太累，也太过失败。

放宽心，给别人留下一半的位置，放别人通过，也给自己的内心通通风。或许，生活坦然些更好。

打开一扇门，引来活泉水

人们常说，计较的人很难致富，因为节流并不能解决根本问题，开源才是最佳捷径。生活也是同样的道理，计较的人很少会为将来留有余地，因此也很难有活水流进心里。

很多年前，有一个出租车司机在某座城市的闹市区准备载客，客人要从市中心打车到城郊某个偏僻的地方。司机左右为难，因为首先这座城市从市中心到市郊来回需要花上至少2个小时，时间太长了，也耽误生意。另一方面，市郊很少有人打车，没人坐车回来自己还要贴上回来的油费，这样自己非但没有赚钱，还可能会亏钱。因此，这么一个原因自己就有权利拒载。可司机转念一想，或许回来的时候能够载人回市中心，那么自己也算不上吃亏了。于是，司机载着那位女士来到了市郊。

果不如所料，市郊确实很荒凉，连一个人影都没有看到。司机很着急，因为这就意味着自己完全浪费了两个小时在赔钱载客。但当司机看到眼前忽然出现的路标时，心情却突然转变，因为那上面赫然写着大学城的方向正离此处不远。他想，在那里肯定会有很多上完课要赶回市中心家里的老师，他不妨到那里试试运气。于是，司机立马掉头来到了大学城所在的地方，找到了一个大学城的等车点。司机停好车后，迅速下车来到人群中间。他逐一询问每个等车的人是否需要打车到市中心，但需要和别的同事拼车，这样才能省钱。

不多一会儿，司机找到了三位乘客愿意拼车到市中心，而这样三个人平均车费远比乘坐班车要方便便宜很多。就这样，司机非但没有亏钱，还小赚了一笔。

那之后的某天，司机又接到一个电话，对方正是前几天乘坐自己出租车到市郊的乘客。她对司机说，自己所在的公司正好位于城郊大学城附近，那里地处偏僻，很少有出租车经过。这样一来，公司如果要接送重要的客户或者来宾会很不方便。于是，她想到了当时乘坐司机的车，从车上拿了一张司机的名片，因此才找到了司机。乘客希望司机能受雇于他们公司，一旦有重要的客人来访，便需要立马驱车前去接送。就这样，司机从这家公司那里得到了一笔意外的收入。后来，司机逐渐扩大自己的客户群，每天奔波于市中心到市郊之间，为很多市郊的公司接送来客。再后来，司机有了自己的一家专门往返于市中心与郊区之间的租车公司。

故事中的司机告诉我们，生活中很多事情有其两面性，计较太多只会让人眼界变窄，最终难成大事。不计较得失，方能坦然做好每一件事情，也才会在某个转机来临时发现另一片新大陆。我们不仅需要打扫房间，偶尔还需要帮助心灵清理垃圾。

这还是一个关于出租车司机的故事。很小的时候，我的老师曾对我说过这样的一个故事：

有一位出租车司机，每天晚上回到家都非常生气，因为他的车总是会被乘客弄得非常脏。不是犄角旮旯里的小纸团，就是靠背上的小污渍，又或者是脚垫上的果皮纸屑。他每天都把车打扫得很干净才会出门，但回来还是会脏兮兮的。这件事让他困扰了很久，也让他气愤非常。他经常向周围的邻居亲友讲述自己的遭遇，并愤慨地批评了很多乘客的素质低下。这个问题不仅加重了他的工作量，有时候还影响了他的载客量。试想一下，如果乘客正要坐上车，却发现车上到处都是垃圾，怎么可能还会有兴趣坐上车呢。司机越想越生气，于是他就在车上贴了"乱扔垃圾，罚款50"的纸条。但这还是没有用，乘客总是会在某个他很难发现的角落或者未发觉的瞬间，把垃圾留在车上。虽然表面上看起来车会干净一些，但司机还是需要每天花费大量的时间清理车上的垃圾。这让司机很长时间都处于精神极度紧张中，只要看到乘客稍微动一下就会立马生理反应般地盯着对方。这样不仅危险，而且也不是很礼貌。司机甚至一度想要放弃这份工作，但联想到生活，又不得不坚持每天晚归后还要刷车洗车，清理垃圾。

后来，他灵机一动，想到了一条妙计。随即，他把车上的纸条撕掉，又为车换上了新装，把车全身上下打扮得更加干净崭新。他的这种做法让同事觉得很纳闷，明明每天都会被破坏殆尽，何必要把它重新收拾一新呢。可当天司机就收到了很好的效果，他发现车上不再有碎屑被丢到小角落，乘客在车上不小心掉了垃圾也会自觉捡起来，下车扔掉。并且，随着心情的转好，司机的态度也改善了很多。每天对人总是满面笑容，而他每天也会把车清洁干净，给人崭新的感觉。于是，长此以往，司机攒下了很多回头客和固定的客源，也会有人主动联系司机接送。为此，司机的收入增加了很多，他又再次装饰了他的爱车一番，这样更能为乘客带去舒适的感觉。于是，司机的名声在城里传开了，很多人会主动问司机名片，司机也不再需要到闹市区与同事争抢客源便能保证自己的收入。

当被同事问起他这么做的原因时，司机却回答：当你把自己打扮得漂亮精神的时候，别人自然也会感到你的友善和快乐，自然也不会主动去破坏良好的气氛。如果乘客看到一个满脸怒容的司机，车上的装饰也老旧不堪，自然很难有一个好心情去维护车上的整洁。但一旦你为车换上了新装，让车上看起来焕然一新，并且司机永远保持快乐的心态，乘客自然也会和你一样保持好车上的环境。很多时候不是别人不希望珍惜我们的环境，而是他们觉得这样的环境没必要珍惜。只有自己放开心思去接纳，才会有人放开怀抱来珍重。

很多事情说起来很简单，当你打开了心门自然会有快乐的人走进来。只要你不计较短浅的利益，远处的活泉也就不再避而远之了。

放宽心，敞开门

很多年前，我的祖父告诉我，生活中很多得失可以不去计较，因为可能那正是命运对你的考验。塞翁失马，焉知非福。

从前有一个人，在海边见到了一只蚌，从它的腹中找到了一颗拇指般大小的珍珠。可是，珍珠的表面有一粒黑点，虽然很小，但仔细看还是能看到黑点的存在。那人非常高兴，认为这正是一次上天给自己发财的机会。但珍珠上的黑点确实很碍眼，他希望能把黑点去掉。于是，这人就用自己的小刀不断地削掉珍珠的表面，可珍珠越来越小，而黑点却还是在表面上，并且颜色逐渐变深。直到珍珠变得比米粒还小的时候，那粒黑点还依旧在珍珠上，似乎嘲笑般地更加黑得深邃。其实，我们的世界就好像这颗珍珠，我们没必要盯着黑点看，只要看到珍珠其他表面上的流光溢彩便已然足够填满心里对幸福美好的空缺。过分计较非但不会让世界完美，反而越挖越深，到头来一场空。

事实上，生活也不外如是。过多地计较只会让自己钻进自己挖出的死胡同，不想退出来却总也无法进步。一件事，你想通了能把你引向天堂；要是太过计较，让自己饱受煎熬，便已然被丢到了地狱。正如日常生活中，有的人会因为别人一句无心的话而计较不已，心生不快，甚至生气争吵。又或者太过计较得失，工资高低，导致整日心烦气躁，没办法安心工作。这样的例子在我们的生活中总是屡见不鲜的，明明微不足道的半句话对某些人而言却成了一世的珍藏，明明小小的几百块钱差距就成了同事们相互猜忌的焦点。一生充满争斗与非议的孙膑与庞涓早已用一段盘旋于历史上空的传奇在告诉我们，生命太过短暂，才华不分胜负，惺惺相惜方才是天才们最好的存活之道。

孙膑与庞涓同是鬼谷子的徒弟，两个人一起向鬼谷子学习《孙子兵法》。同时，在两人心中都各自规划着自己的江山宏图，虽然内心渴望着建功立业，依附在巨大的皇家羽翼下向世人展现自己的聪明与才智。可唯有庞涓希望先于同门的孙膑出道，技艺尚未学到精通就匆匆出山为魏王出任将军一职。在魏王眼里，他能为他带来六国统一的霸主称号，甚至一言九鼎的高高在上，又或者叱咤风云的历史传奇。这个骄傲且小心眼的上将军，果真带着他的梦想带兵入侵了魏国周边的小国，大获成功。他自鸣得意地把这种欺凌弱小想成了自己伟大的成绩，把这份来自弱者的呼唤变成了对自己最大的赞美和崇拜。他骄傲异常，他自鸣得意。但他的国王并没有准备接受这点微弱的功业，他还需要更大的霸业。于是，他请来了当时尚在鬼谷子门下学习的孙膑。

孙膑是兵圣孙武的嫡传后人，性格诚挚正派，并且向鬼谷子学习了全部的《孙子兵法十三篇》，才能和品性远远超过了同出师门的庞涓。这一点，在他与庞涓的每次辩论中得到了印证，也成了造成他后来残疾的一个源头。孙膑受到了魏王的赏识，成了庞涓的副将，走上了所谓通往成功的荆棘大道。每当两人在一起研讨行军打仗的兵法时，庞涓总会发现自己学识的捉襟见肘。即使是在魏王测验两人的能力时，庞涓也能深深地感受到自己于孙膑之间的巨大差距。庞涓逐渐在日常的相处中看到了孙膑的才干，以及与自己之间的巨大差距，但他并没有意识到这是因为他自己缺乏足够的才智，反而觉得是孙膑抢走了自己的地位。庞涓计较自己和孙膑之间的差距，计较两人在魏王面前的得失，计较无足轻重的利益纠葛。

随后，庞涓设计骗到了孙膑的笔迹，并以此伪造出庞涓通敌的信件。魏王看到信件后，非常愤怒，打算杀了他。可庞涓为他求情，让魏王只需挖去孙膑双腿的膝盖骨，又在其面上刺上犯罪的字迹后囚禁在自己家中，便可防止他将来叛变。事实上，庞涓这么做的目的并非是因为顾念同门之情，而是为了从孙膑那里得到《孙子兵法》全书。就在废寝忘食为庞涓写书的过程中，孙膑识破了庞涓的真面目，决心通过装疯卖傻来重夺自由。在墨子的再次引荐下，孙膑得到了田忌的帮助逃往齐国。此后，便有了著名的田忌赛马、围魏救赵等典故，也成就了孙膑的盛名。

很多时候，计较是祸端的起源。世界上很多规则本身就没有绝对的公平，却有着最真实的正义。有的人会把别人的优秀看作是自己成功的契机，有的人却让它成了偷袭自己的危险源头。锱铢必较的人心房一定很窄，因为眼里只能容得下自己，心里仅仅放置了自己利益的空位。庞涓因为计较与孙膑之间的差距，计较孙膑本身的才华，却永远看不到自身的缺陷和过失。在他的心里，孙膑不再是同门的师兄弟，早已演变成了恶性竞争必须要牺牲的垫脚石。相较于心胸狭窄的庞涓，管仲与鲍叔牙之间的交情却充满了高山流水般的和谐声调。

计较的人永远得不到真正的友谊，也无法达到真正意义上的成功。世界那么大，我们如此渺小，把心放宽，或许会好很多。

第五章
欲壑难填,世界凭什么听你的

所谓欲壑难平,最害怕的不是人有志向,而是害怕人有欲望。凡是贪婪的人,总是容易动怒,因为世界只有两种状态,顺境、逆境。一旦自己的欲望得不到满足,怒气冲天,便是别人得罪了自己。惹不得,躲不了,何苦自寻烦恼。

摆平贪婪,搞定怒火

贪婪,是一种在顺境中对于外界事物过分的索取。它来自于人的欲望,却能让人变成它的奴隶。在佛教看来,众生平等,无色无欲,贪嗔痴怒,与爱同源,却各有执念。心有不甘,情有不愿,动辄伤肝、伤心。

夏天即将来到,随之而来的还有百年难得一见的大旱。森林里到处都找不到水源,小动物们决定重新挖一口井。可唯独小松鼠说:"挖井是一件很难的活儿,我决定退出。"

其他动物非常愤怒,回道:"如果你不参与挖井,你一口水也不要喝。"

松鼠得意地说道:"你们尽管挖,反正我一定会喝到水的。"说完,满面得意地走开了。

果然,在大家众志成城的努力中,水井终于出现在了森林里,小动物们也终于喝上了水。可当大家来打水的时候,却在水井旁发现了小松鼠的爪印。显然,它偷喝了水。于是,为了不让小松鼠喝水,大家决定惩罚一下这只贪婪的小松鼠。

夜里，大家在水井旁放了一只泥娃娃，用它来看守水井。小松鼠看到水井旁边多了一个看守，借着月光隐隐约约觉得是一只小狐狸，心想大家一定会阻止自己喝到水的。它想要用自己的尖爪把那只"小狐狸"吓跑，这样自己就可以喝到水了。于是，它忽左忽右地在树上跳来跳去，装出各种各样的叫声，一瞬间丛林的深处显得阴森且诡异。可泥娃娃依旧一动不动地坐在那里，这种恐吓似乎对它作用不大。

但小松鼠并没有气馁，它打出了亲情牌。小松鼠楚楚可怜地站在离井口不远的地方，略带哭意地对"小狐狸"说道："狐狸哥哥，我只不过想借一些水，我实在很渴了。"可泥娃娃依旧一动不动地站在水井旁边。小松鼠非常生气，心想这只狐狸好坏不答应，自己不如把它推入井里。反正现在夜深人静，根本不会有人知道是自己做的。小松鼠鬼鬼祟祟地走到泥娃娃背后，伸出双爪准备把泥娃娃推到井里。可是，泥娃娃太重，小松鼠根本没办法推动泥娃娃。泥娃娃依旧岿然不动，在小松鼠看来，似乎还有一些嘲笑的意思。

小松鼠不甘心，贪婪的本性暴露出来。小松鼠拾起旁边的大石头，艰难地朝着泥娃娃走去。它为了不让"小狐狸"发现自己，打算背着石头爬上树，从树梢上用石头砸向"小狐狸"。可它发现，石头太重，树枝根本没办法承重，因此它必须一步一步地慢慢挪才能爬到离泥娃娃头顶最近的地方。它越是小心，树枝越是摇动地厉害……

第二天，当其他小动物来到水井旁边的时候，小松鼠倒挂在折断的树枝上，睡着了。双脚被树上的枯藤缠住，不然早就掉到了水井中。石头刚好掉在泥娃娃旁边半米的距离，泥娃娃完好无损。小动物们非常生气，决定处罚这只贪婪的小松鼠。最终，大家决定罚小松鼠在干旱期间守在水井旁边，替大家打扫卫生，保持水源干净。

贪婪本来就是人性的弱点，贪嗔痴念不断，终究很难从中解脱出来。小松鼠本来并没有恶意，不过是希望偷一些水喝。但受到阻挠，恶念顿生，就像毒素一样越积越多，甚至于动了害人的念头。贪婪，是一座难以填平的沟壑，深不见底，却随处可见。世界不是你的，没有人会无限制容忍你的贪念。即使是你的，贪念深了，就好像黑洞一样无止尽地湮没了一切繁华与善念。人生在世，万念频生，难免会心生贪念。可世界那么大，每个人都有自己的欲望，每个人就好像过江之鲫一般寻找着属于自己的每一条河流。世间事，退一步海阔天空，想得开自然会看得远。欲望只会遮蔽人的双眼，把自己引入窄小的过道中，走不出来，别人也走不进去。当试图回头是岸的时候，才发现自己只是在原地转圈罢了。欲壑难填，人一旦打开了欲望的大门就很难再将其关上。

生活中太多欲望，机会随处可见，无时无刻我们都能遇到各种各样的诱惑。选择太多，生活只有一个，我们必须要学会有舍才有得。

在法国人撤出越南之后，一个农夫和一个商人在街上寻找遗落下来的财物。于是，他们发现了一大堆烧焦了的羊毛，各自背上一半离开。

路上，两人又发现了一些布匹，农夫扔掉了羊毛，选择了比较轻的布匹。商人建起了羊毛，以及剩下的布料紧随其后。这时候的他发现身上背的东西太重，但也只能气喘吁吁地慢慢行走。

不久，他们又在路上发现了一些银器。农夫扔掉了布匹，捡上银器披在身上。可商人却被布匹和羊毛压得喘不过气，已经无法捡起农夫剩下的银器。

突然，大雨倾盆而至，商人身上的羊毛和布匹被雨水打湿，饥寒交迫的他最后带着他的布匹和羊毛摔倒在了污水池中，布匹和羊毛都被染上了泥污的颜色。而农民则卖掉了他的银器，过上了富足的生活。

选择比努力更重要，贪婪只会让人失去选择的余地，水满则溢，物极必反。每个人都要面对生活中的各种诱惑和机会作出选择，贪婪只会迷惑人的双眼，最终失去本来的方向。事实上，强者会驾驭生活，弱者则会沦为情绪的奴隶。当贪婪掌控一个人的选择时，也就注定了失望将会成最后的归路。对于一个被贪欲掌控的人而言，生气则将会成为其生活中最主要的色彩。可毕竟人类不是上帝，愤怒总是要把人引向失败的边缘。

欲壑难填，贪婪只会腐蚀人心

欲望就像沙漠里黄沙，生气就像天上的炎炎烈日。人就像穿梭于沙漠中的骆驼，必须要有自己的选择，否则会在黄沙中迷了路，在烈日下成为干涸的祭品。欲望有时候能帮人达成愿望，但有时候确实是害人的毒药。

远在地中海有一个生产珍珠的国家，传说在那里住着一群内心非常单纯的国民。那里有一个很严格的规定，只要有人内心变坏，国王一定会用某种方法来改造这个人。

事实上，这个国家并不富裕，很多国民都没办法生存。对于那些无法让自己独立让自己生存下来的人，国王会赐予一枚"蓝手指"徽章，凡是拥有这枚徽章的人就可以到珍珠泉边的办事处去领取一些生活必需品。

据说有一位名叫别克的穷小子，他拥有一枚这样的徽章。有了这枚徽章，他可以不必每天都要不停地流连在各处垃圾桶附近寻找食物果腹，很幸运，他的国王是一个仁慈的君主。某天，他梦见自己一夜暴富坐拥荣华富贵。醒来后，他再也不想工作，每天多领取几份必需品，然后卖出去。这样，久而久之就可以攒下一笔钱，让自己成为一个富豪。事实上，他之所以能这么做是因为国王非常信任他的臣民，并没有想过任何臣民会发生这种情况。于是，就让别克钻了空子。

从此，别克每天主要的工作就是从办事处多拿几份必需品，他每天把自己装成一个穷人，带着徽章去领取必需品。日积月累，别克越来越富裕，也变得越来越吝啬，懒惰而且冷漠。如果有朋友向他借钱，他一定会装作一副捉襟见肘的模样，告诉别人自己一无所有。这样，朋友们也逐渐远离了别克。

到了第四个年头的某个晴朗的早晨，别克又扮作穷人悠闲地带着他的徽章到了办事处。当他准备进去的时候，却发现了很多警察等在那里，他们等的不是别人，正是别克。他当着国王的面，不断地跪拜诉说自己的冤屈。

可国王却淡然地回答道："这四年来，我本来希望你能自己悔改的，但你没有。我派你的朋友们去考验你，但收到的却是辱骂。现在看来，你是死不悔改。那么我就应该用对待你这种人的方式来对待你。从来，贪婪是我们最大的敌人，它会让别人的善良变味，也会让人的心灵变质。"国王顿了顿，又严肃地说道："贪婪的人最害怕的就是分享，因为他们觉得分享只会让自己变得一无所有。现在，我对你的惩罚是将你的财产分享给在场的所有穷人，你将真正地变成一无所有。"

别克一听到国王的处罚，觉得大感不解，就问道："我和之前也没有什么两样，一样吃得很节俭，穿得很破烂，但为什么您能发现我在欺骗您？"

国王温和地回答道："贪婪是我们最大的敌人，一个人一旦贪婪就会变得不顾一切。心灵，容易收到污染，却不容易恢复。你偷拿第一份必需品的时候，我们忽视了它对你而言，不仅是一个贪婪本性萌芽的开端，还是你某种善良品质的终点。你一旦第一次得逞，第二次、第三次、第四次……会逐渐变得肆无忌惮，任性妄为起来。那些你省吃俭用积攒下来的钱,你只会偷偷地用,不会分享。但你要知道,有的东西你不想分享也必须要分享。譬如说,你手上吃肉后舍不得洗手留下来的油污,还有你衣服上刚进来时带着的肉香,你以为别人看不见,可却被你身后的小动物们看在眼里。"

这时候,别克才突然意识到,自己身后总是会跟着一两只小猫或者小狗,怎么撵也撵不走。虽然大家并没有说半句话,却把这些话藏在心里,不曾对他表露过半分的不信任。事实上,他这么做已然让自己得不偿失了。他虽然暂时过上了比大家宽裕的生活,但结果自己失去了朋友,失去了很多本应该拥有的美好的品质。这本身也就是一种很沉重的处罚,孤独将会是一切贪婪最后的归处。

虽然别克明明掩饰得很好,但最后还是逃不过别人的眼睛。再多的自作聪明最后终究是害人害己。贪婪的人往往欲望比别人更大,这些欲望就好像一副重担一般,并且只会越来越沉,却永远不会减轻。历史上,穿梭来回了许多四层相似却各有不同的人,有淡然漂泊的老子,有看轻名利的陶渊明,还会有直线钓鱼的姜太公。如果有人在等待,那么一定会有人将可能回来。有时候,并不是贪婪害人,而是人自愿成了贪婪的奴隶。自然,有人期待,自然就一定会有东西被创造出来。欲望无止尽,贪婪就从未消失。伟人之所以在千百年后仍旧是伟人,并不完全因为他们曾经伟大过,而是因为他们如今也很伟大。传颂很久的传说故事中,少不了欲望的影子,却从来不曾出现贪婪的阴影。人们就好像回避恶魔一样对待贪婪,因为它就好像灼热的黄沙一样,终将掩盖住一个人其他良好的品性。一旦欲望无法达成,难免烦躁不安,心生怨愤,甚至于可能会生出事端。多少人冲冠一怒为红颜,多少人又放浪形骸独坐半亩田。多少人终其一生不过是一人负了天下,又有多少人是天下负了一人。凡是欲望,只有在能力的配合下才是动力;凡是欲望,一旦失去了能力就变成了贪婪。没有能力空自生气、烦恼,这样看来,与其生气不如争气。

人生在世,做人知足常乐。贪婪只会腐蚀人心,让人失去朋友,丢了快乐。欲望就好像漫无边际的深海,无论如何也填不平,补不上。还不如勤奋努力,让自己的欲望变成理想,最终变成现实。或许,这样更好。

远离欲望,避开灾难

有人说,欲望是一条无止尽的沟壑,无论有多么强大的能力最终也很难逃出欲望的指控。一旦有了如一根针般纤细的线头,随后引出的必然是犹如宇宙般无边无际的欲望。有时候,并不是我们没有意识到欲望的存在,而是我们并不知道欲望躲在心里,还是藏在某条深藏衣橱的丝巾上。

据说远在北极的爱斯基摩人冬天也会外出捕猎,不过却用一种神奇的方式。他们把动物的血凝成血块,中间放上一把尖锐的刀,然后放置在狼群出没的地方等待猎物自己上钩就好。于是。每当有狼经过这里,就会不自觉地被血腥味吸引过来。这些贪婪的狼群,会蜂拥而上,用舌头不断地舔舐血块,以及利刃。刚开始的时候,狼舔舐的是动物的血,可越到后面舔到的就变成了自己的血。即使血流成河它们也并没有注意到那是自己的鲜血,反而变得更加兴奋。最后,这群饥饿的狼群变成了爱斯基摩人的战利品。

这就是欲望,它永无止境,有的人为之疯狂,有的人为之丧命,而有的人更是本末倒置,为了它失去幸福。

从前,有一对夫妇,每天都过着快乐的日子。虽然他们并不富裕,但每天都在快乐地工作,饭后两人携手一起散步,每天都能从他们的门窗里传来阵阵欢笑。无论是初次见面的人,还是结交很久的亲友邻里都非常喜欢这对快乐的夫妇。而住在他们旁边的确是一个孤独的富人,他虽然腰缠万贯,却并不快乐。他的每一任妻子都是被他气走的,他每到一个地方,气氛也都会立马变得僵硬冷清起来。于是,大家都回避他,邻里也似乎并不喜欢他。这两户人家形成了鲜明的对比,也引起了富翁一位从外地来的客人的注意。

他问富人道:"你那么富裕,可你并不快乐。但你的邻居,那对小夫妻生活过得很拮据,却每天都那么快乐。这很奇怪,似乎你们的心情被调转了。"

只见富人稍微沉默了一会儿,又继续说道:"虽然让我变成他们的样子很难,但让他们变成我现在的样子却很容易。"于是,富人走到了两家相邻的围墙处,向旁边的院子里扔了一块黄金,笑着邀请客人在家中静观其变。

不久,隔壁的笑声戛然而止,客人惊讶不已。原来夫妻二人看到从天而降的黄金,非常高兴,觉得自己多年来的善举终于得到了上天回应。随后,两人关上了院门,开始商议如何使用这块黄金。正当客人好奇他们为何没有笑声的时候,两人正在争议如何瓜分这块黄金。妻子觉得应该平分,自己拿着一部分作为家用,丈夫用另一部分去经商。但丈夫主张自己要用所有的钱去外地经商,等自己赚钱后再回来接妻子。但妻子心想,自己嫁给丈夫的时候,丈夫一穷二白。现在,通过两个人的努力,虽然距离大富大贵很远,但已经足够养活两个人。但现在,丈夫看到金子,又变得自私自利起来,要想一个人带着钱远走他乡。妻子后悔早早地嫁给丈夫,自己平时对人和善,早晚也能遇到这样的运气。而丈夫想到的则是,自己与妻子长期辛苦努力也得不到这么多的钱,要不是因为没钱也不至于娶这样的一位平凡的妻子。他拿了钱,就可以一个人远走外地经商,然后娶一位体面的妻子。两人眼看着意见不合，于是丈夫提出来两个人可以用这笔钱一起把小店的规模扩大，也可以让夫妻过上富裕的生活。但妻子坚决反对，要把这笔钱一分为二，每个人保存一半。

几天后，夫妻二人因为一颗黄金闹僵，大吵一架后，在一片悔恨中看着邻居富豪得意洋洋地拿走了那颗属于他的黄金。再回头看看家里，已然不再是原来的样子。因为分家的原因，两个人把原本完整的家具拆开了，之前两个人满满幸福的地方如今也变得乌烟瘴气。争吵不休，互相指责，毁了他们之间的感情和生活。后来，据说两人各奔东西。又有人说，他们一起到了外乡努力工作生活，变得富足了很多。

无论故事最后的结局如何，这个故事向我们述说了欲望的坏处。人们往往会为了一些蝇头小利庸庸碌碌，却不知道可以停下来看路边的风景。虽然说天下熙熙皆为利来，天下攘攘皆为利往，在欲望驱使下的人永远摩拳擦掌地准备大干一番。可是，生活不全部是利益，也并非游戏世界，只需要简单地回应便可以赢得大家的好感。金钱并非万能的，有的感情失去了就不再回来。有的关系消失了就不复存在。欲望就像一条横亘在生活与情感之间的巨大鸿沟，在那里掩埋了很多人的幸与不幸，在那里珍藏了很多人丢失的宝贵的情感，还有似曾相识的很多古人传说下来的教训。可是，无论积攒了多少年，哪怕岁月很长时间来的寂寞也无法填满那条沟壑。就是欲望，毁掉了很多英雄豪杰；就是欲望，造就了多少分崩离析。历史上，又有多少遗憾，不断地躲在史书背后述说着曾经的寂寞与悲伤。清朝时著名的才子和珅便是这样的人，曾经的励精图治，曾经的刻苦用工，曾经的风光无限全部毁于自己的贪婪。欲望，永远填不满。因此，嘉庆皇帝时期，皇帝最大的眼中钉便是和珅，他也成就了天下第一贪的恶名。

欲望，毁了一个人的才华，毁了一个人的抱负，甚至也毁了一个人的梦想。一颗欲望的种子，不仅能腐蚀掉一个人的行为习惯，甚至还会腐蚀一个人的内心。

克制情绪，欲望不曾通向天堂

果戈里曾经说过，理智是一个人最高的才能，但如果不能克制情感，它将不可能胜出。欲望永不休止，就好像无尽的宇宙黑洞一般，你牺牲的再多也无法满足欲望本身的贪得无厌。世界有着世界本身的运行规则，人类有着人类自己的道德标准，虽然满眼都是来自机会、成功、物质精神世界的诱惑，谁也无法避开欲望的引诱。可我们也眼看着世界上有那么多的失败、错过、悲伤和后悔，欲望带不来希望，也带不走灾难。无论欲望走到哪里，它能带来的除了牺牲别无其他。

从前，有一个农夫在家后面的小山上砍柴的时候，发现了一些闪闪发光的石子。他每次经过那里的时候，都会收集一些放到家里。他逐渐发现，那里正是一座金矿的所在，在地表下或许还埋藏着更多更大的黄金。他不满足于这么一丁点的金沙，他想要的是大批的黄金和金块。他不满足于这一点蝇头小利，于是他借来了旷工用的铲子，试图在那个发现金沙的地方挖出一个大洞，打开一整座财富的大门。可越深挖下去，他发现地下冒出来的水就越多。可看到的金子却并不见多，还是一些零零星星的金沙，还有偶尔见到的拇指般大小的小金块。农夫还是不甘心，又在附近多挖了几个深坑。之后不久的某个夏天的暴雨夜，农夫在山上的流水声惊醒，起床后看见家不远处的小溪里激流湍涌，他知道泥石流爆发了。当次日农夫再到那处山洞的时候，却看到他挖的几个深坑汇成了一处不深不浅的水坑，水流清澈。当然，水底下没有金块出现。

就这样，农夫因为贪婪错过了发现整座金矿的机会。人生总不能每时每刻都处于幸运的包围中，高山流水，在人生的河流中难免也会遇上浅滩与砂砾、石块。顺境逆境，你所感知的不过是你内心中欲望的影子，你失败的是你的欲望，你成功的是曾经的过往。可漫长的一生，不是点滴的瞬间，你所爱以及你所追求的也不是永远的某一页。因此，为了自己，也为了生活，抛弃欲望，让自己度过安宁美好的一生。因为只要欲望存在一天，人生就不可能有满足，更不可能感受到幸福。

古代有一个地主，生活富裕，妻妾成群，生活对他而言并不缺少什么，却从未感觉到幸福。但他并不知道为什么自己无法感到幸福，于是，某一天，他想到了一个方法让自己知道问题的答案。

他找到了一个流浪街头的乞丐，问他："你是否觉得自己不幸福？"

"是的，我一无所有，也不知道何去何从，穷困潦倒，家徒四壁。总的来说，我的生活一无是处。"

地主温和地说道："那么，我现在愿意帮助你得到幸福，你告诉我你如今缺少什么？"

"我希望能吃一口暖暖的饱饭，我已经饥肠辘辘，三天粒米未进了。"

"我明白了。"地主老爷吩咐家人端上来丰盛的晚餐，让乞丐饱餐一顿。他看到乞丐心满意足的样子问道："你现在感觉到幸福吗？"

"不，暂时我还需要一个住的地方，或许我会开心一些。"乞丐擦了擦嘴，打着饱嗝回答地主道。

地主又叫来了家人，为乞丐准备了一处舒适的住所，让他美美地洗澡，睡觉。地主又找到了乞丐，问："你现在幸福了吧？我给了吃的，住的，美衣华服，你现在一定很幸福吧？"

"不，我现在还是觉得总是缺少一些东西。"乞丐想了想说："我一直是一个光棍，女人们都看不起我，也没有人愿意嫁给我。我想要一个真正的家，一个可以给我洗衣做饭的老婆，然后再生一个聪明可爱的孩子。这样的生活才是我梦寐以求的人生。"

地主大人笑了笑，又吩咐家人为他娶了一个温柔贤惠的老婆，几个月后，地主又找到了乞丐，问他："你现在总该幸福了吧？你有了你想要的，你还缺少什么呢？"

"我现在还是觉得少了点儿什么。"乞丐，摩拳擦掌地说道。

"如果我给你足够的钱，让你一辈子也花不完，你会幸福吗？"

"或许。"乞丐犹豫了一下，轻轻地点了点头。

地主无奈，允许乞丐使用自己一半的财富，让乞丐有了一辈子也花不完的钱。此后，半年后，地主又找到了乞丐，问道："现在，你所有的愿望我都满足了，你幸福吗？"

"不，一点也不幸福，我的妻子长相太普通了，我还想要一个美貌小妾。这样，我想我的生活一定会美满很多。"

这时，地主冷笑着说道："看来，你现在需要的是回到原来的生活。"地主收回了乞丐的一切，让他又回复了以往的生活。但他却收获了幸福，因为他明白，只有满足不了的欲望，没有寻找不到的幸福。无止尽的欲望让人的内心永远空出漫无边际的一块地方，即使拥有全世界也会因为欲望而感到不满足。老实说，这世界缺少的不是欲望，而是满足。一旦不满足，很多人会因此变得烦躁，很多人会变的悲哀，很多人会变得消极。可是，人们往往忽略了唾手可得的幸福，一个人只有学会满足才能感受到阔别已久的幸福。

欲望不会让人得到，无止尽的欲望也不能让人收获，欲望并不是希望，也不是期望。它的尽头不是梦想，就像一条漫无尽头的甬道，通过它走到的永远不会是天堂。无数的人争相求取，无数的人在路上熙熙攘攘，可终究记录在史书上的只言片语只有那些狠下心肠舍弃的欲望。我们要做的，就是舍弃我们应当舍弃的欲望，用实际行动追求希望。

生活如此简单，何必为了欲望烦躁不安。

放下欲望，寻找正确的努力方向

据说，在澳大利亚有一片草原，大家称之为 Springbook。在那里，人们能看到肥美的草原，还有迅速发展的羊群。但人们会发现，一旦羊群发展到一定数量，就会出现一个奇怪的现象：羊群发现草原的草不够吃，只有抢在前面的羊才能吃到草，而一旦落后则将可能什么也吃不到。于是，大家争先恐后地奔向草地。因为这样，人们经常会在草原上看到它们疯狂地向一个地方奔跑而去。草原的尽头是一座悬崖，羊群即使跑到了悬崖边缘也全然不曾发现自己的处境。于是，就有了整群的羊跳下悬崖的奇怪现象……

这就是欲望带给我们的启示，人的眼睛一旦被欲望迷住就不再看到四周的危险。事实上，生活中的危险无处不在，也许我们一不小心就能掉入让人崴脚的陷阱，我们能做的只有不要让欲望迷住我们的眼睛。

在地狱深处，有很多守着苦难与轮回的灵魂，他们曾经恶贯满盈，现在受尽苦难。他们渴望回到正常人的世界，期待往生的日子。可是，这里是地狱的最底层，他们似乎被佛祖否定了，他们永远活在绝望中。这就是他们生前作恶的惩罚，是他们最终的灵魂所在。

但佛祖是无所不知的，所有的人虽然并不存在善心，却偶尔会有恻隐。于是，佛祖决定给他们中的一个人一个改过自新的机会。这个人生前曾是地方上的噩梦，烧杀抢掠无恶不作，最终死在他人生的最后一次事故中。他的马暴躁不安，就好像上天的惩罚一般，一瞬间他来到了地狱。他之所以被宽恕，则是因为他曾经在一个转念间救下了一只小动物。因为这个原因，佛祖决定原谅他，只要有恻隐之心就代表可以被饶恕。

于是，在他的眼前出现了一只蜘蛛，它身后是一根通往天堂的蛛丝。直觉告诉他，这跟蜘蛛丝是他最后的希望，于是他毫不犹豫地抓住蛛丝。随后，蛛丝慢慢地向上升，他也在逐渐地离开地狱。直到，他很多在地狱的同伴发现了他，并且抓住了他。他不断地往上爬，希望甩开这群可恶的家伙。蜘蛛丝太细了，如果太多人借着它爬上去，可能尚未到达天堂蜘蛛丝就会断掉。于是，他开始摇晃起来，但大家似乎没有离开的意思。他开始用脚踢开抓住他双脚的人，开始踢开在身后的众人。然后，他看到蜘蛛丝断开了，他跟着大家一起又回到了地狱。

对于贪婪的人，永远不可救赎。不是因为他们太过自私自利，而是因为他们太过忽视别人的利益。在贪婪的人眼里，别人都是他们的敌人，只要涉及利益的争夺永远是让他们兴奋不已的战场。生气，愤怒，让他们能在短暂的时光里成为战场上的雄狮。可是，欲望只能是一时的助力，却不能让人找到生命的方向。成功，不是追随欲望成为贪欲的奴隶，而是战胜欲望成为生命的强者。

或者说，欲望让人迷失自我，它不会是黑暗中的明灯，更不会为生命指明方向。或者说，每个人自从出生开始就是孤独的徒步者，行走在寂寞的单行道上，有的人相遇，有的人重逢，有的人碰撞，有的人却能陪伴。即使如此，在生命单调而孤独的时候，欲望从未对人类施以怜悯。因为生活本身就是孤独的，欲望更容易让人错过。因为渴望太多，才会有失落；因为期望太多，才会让人变得压抑；因为忽视了别人，才会有所迷失。生命虽然不曾拥挤,却从来不能容忍任何时候的错过,因为一旦错过也许在短暂的人生中再也等不回来重逢的时刻。

有时候,我们会因为得不到一件梦寐以求的东西,会向身边的人生气。偶尔,还会因为工作中的一些不顺心而把满面的怒火扔给了身边的人。又或者当身边人做了一点事不顺心,又会回报以不友善的面容。不知不觉中,我们伤害了在生命旅程中与我们相遇的人,有的人甚至可能要陪伴我们度过人生一段很漫长的过程。于是,我们错过了某些我们曾经牵绊的人,某些我们曾经试图抓住的人,还有某些我愿意守护以及被守护的人。当欲望为一个人打开一扇窗的时候,那么另一扇门则也会因此而关闭。从来生命就不曾完美,似乎完美也不是很多人最初和最终的追求。可是,欲望就好像张开的渔网,它能捕鱼,也能束缚一个渔夫的视线。曾经有这样的一个故事,年轻的少年为了一份宝藏来到了远方。他不断地按照父亲藏宝图上的指示,希望能从某座位于家乡西面的山上挖出一座巨大的宝藏。可是,他越挖越深,越挖越深,却总也没有找到父亲的宝藏。他坐在洞口思考,哭泣,发怒,却总也无济于事。忽然,他看到了一汪清泉从洞中溢出,方才明白那座宝藏早已被水淹没冲出,他所追寻的不过是前人的妄想。之后,青年不再希望凭借着宝藏一夜暴富,反而通过自己的努力在那里建起了一座温泉旅馆,逐渐过上了富裕安宁的生活。一直到垂垂老矣,看尽世间潮起潮落,他才明白老父亲临终前的愿望:欲望,就像无止尽的洞。只有努力才能让自己富足,而任何不付诸努力的欲望终究只能是空想。

欲望,并不是沟通天堂与人间的桥梁,它指引的从不会是幸福的希望。

第六章
容人容己,心胸宽了,世界就广了

　　古人说容人雅量,宽容远比愤怒更能打动人。如果说聪明是一种天赋,那么宽容便永远在影响一个人的选择。严于律己,宽以待人,放自己一条生路,让别人多一半空间。何必用怒气堵住自己的心口,出不来气,伤人害己。

聪明是天赋，宽容是选择

在普林斯顿大学，亚马逊总裁杰夫·贝索斯曾做过一个著名的演讲：

在孩提时候，杰夫与祖父母一起在德克萨斯州的牧场里度过夏季。他帮祖父母修理风车，为牛接种疫苗，以及其他的琐事。他们也会一起看一整个下午的肥皂剧，尤其是"我们生活的每一天"。祖父母加入了一个车队俱乐部，这个俱乐部是一个蒸汽拖车所有者们的组织，成员们会一起环游美国和加拿大。极个别的夏天，他们加入这个车队。他们把祖父的汽车拴在拖车后面，开始和同队列的另外的 300 辆蒸汽拖车一起走。我爱并且敬重着我的祖父母并且依然期盼着另外一次的旅行。在某个旅行中，那时候杰夫有十岁，正在车后座的长椅上翻滚着。祖父在驾车，副驾驶座上坐着他的祖母。整个旅行中她一直在抽烟，但是杰夫讨厌那个味道。

于是，就在那个时候，杰夫将会做一个估算并且去最小的数值，去计算一些旅程中看似并不那么重要的数据，例如杂货铺的花费。当听到一则关于吸烟的广告。虽然他不能完全记住细节，但却记住了其中关于每吸一口烟将会带走几分钟的生命的阐述。每次的计算中,他决定去做关于祖母的算术。就在他觉得很满意于自己能克服一个合理的数量的时候,他把头伸到车前面去,然后挠祖母的手臂,骄傲的宣布:"每两分钟吸一口烟,你已经削减了九年的寿命了。"

事实上,当祖母听到杰夫这么说的时候,突然泪水决堤了。他坐在车后座上,并不知道发生了什么。正当祖母哭泣的时候,杰夫那一直在沉闷地开着车的祖父把车停在高速路旁。他走出汽车,绕过来打开杰夫旁边的车门并且等着让杰夫跟着他。在经历一段沉默之后,祖父平心静气地说到,"Jeff,直达某天你才会明白善良宽容比聪明更加困难。"

聪明是一种天资,仁慈却是一种选择。天资很容易获得——毕竟是天生的。选择则是困难的。一不小心的话,你可能用自己的聪明才智欺骗了自己,如果这样,还是可能会损害你自己所作出的选择。有很多种天赋。一个人一旦明白其中之一,那便是聪明和才干的天赋。因为承认是富有挑战的并且有一些现象也表现了你很聪明,你将会在获得承认的院门之外。人的聪明唾手可得,因为人们正处在一片奇迹的土地上生活。二我们人类,像我们这样缓慢,也会惊诧于我们自己的聪明才智。我们将发明大量的洁净能源,我们将组装成一些微型机械等。这个月的到来非比寻常但是同样也带来了我们将拥有多彩的生活的新闻,在未来的生活里者却已经变得习以为常。可是,宽容却从未退出历史的舞台。正如杰夫在演讲的最后所说,每个人聪明睿智的人始终都在不断地做出选择:

你将怎么运用自己的天分?什么样的决定你将会做出?

惯性将会主导你的人生吗,或者是你将跟从自己内心的心愿?

你将遵从经验,还是你将成为原创?

你将选择一种轻松的生活,或者是一种为人服务并充满冒险的生活?

你将在苛求中衰老,或者是将追寻自己的本身?

你将掩饰自己的过错，或者是为之道歉？

你将会守卫自己的内心而抗拒拒绝，或者是为了爱情而行动？

你将保守行事，或者是选择一点点的新尝试？

当事情变得有点棘手，你将是会放弃，或者是坚持到底？

你将会变成一个保守者，或者是一个建设者？

你将会变得精于从别人身上做打算，或者变得大方慷慨？

每当遇到一个命运的节点，每个人都必须对自己重新作出定位，又再一次面临选择的困境。因此，即使我们垂垂老矣，我们依旧还会记得当初每个选择的瞬间，依旧会怀念当初每次选择的最初意念。终究我们的一生，不过是千万个连续不断选择所塑造的结果。聪明是每个人的天赋，那么宽容则是每个人选择最好的导师。创业，对于很多人而言就像鲤鱼跳龙门一样，万万千千的鲤鱼并不是每一个独有天分，并不是每一个人都有那种把握时代步伐的眼光，也并不是每个人运气都会很好。但当将创业过分理想化时，不妨想一想自身对此的态度。如果太过计较最终的得失而不是这一过程中的点点滴滴的成长和努力的话，其实这就算是一场冒险了，毕竟最终的胜负是显而易见的。但是，一旦像杰夫最终回忆的那样，将之作为自己内心的呼喊和不计较最后的成功与否的话，那么这也不失为一种经历和尝试。宽以待人是我们最大的道德，而宽容地对待成功和宽容地对待自己则是对自己最低的底线。自己是否做出选择的时候，并没有任何错与对，是与非。只要最初的来源是对于自己与他人最大的宽容时，就已然是人类最初与最终的进化。

你成功与否，终究是外界判断的标准，与自己的生活无关。当杰夫押上家庭、事业，在人生的赌局上孤注一掷时，他自己内心中早有了坚定的意识。虽然自己并不能完全掌握命运本身的掎角和捷径，但终究他还是选择了把善良和宽容作为最终导向。事实上，生活往往不仅需要聪慧，更需要一种宽厚的心态与选择。

总而言之,在现代社会聪明早已不再是我们成功的先决条件,要想被祝福,首先要学会去宽容地对待自己和别人。每个人始终坚持的不再是通往聪明的蹊径,而应当流向大海的宽厚。选择虽然并非命运,但每一段选择最初的来源却能左右命运最终的流向。正是如此,聪明不过是天赋,而宽容正是我们的选择。

宽容比愤怒更有力

宽容远比愤怒更有力,宽容远比我们想象中的更强大。往往在宽恕一个人的同时,自己的内心也将得到解放。

仇恨和愤怒永远是战争的后遗症,人类经历了太多灾难,却也经历了很多次的原谅与宽容。不得不惊叹人类本身的仁慈与宽容,即使是最深的灾难也没无法泯灭人类本身的善良本性。某一场残酷的战争过后,满目疮痍,哀嚎遍野。很多人谴责曾经的敌人,愤怒与仇恨在这片本来很平静的土地上逐渐蔓延着,渗透进了每个人的内心。失去爱人的女人们驻足在这片荒芜的村子里,试图等待着某个永远不会回来的人;失去父亲的孩子们,经常会在经过村口的时候向远处的西方眺望,他们坚信某些不可能回来的人终有一天会站在那里对着他们微笑挥手。死亡,成了他们最沉重的诅咒。生活,随时随地被挖掘出来的回忆让愤怒与仇恨更深一层。即使在多年后,那群孩子已经长成了少年,那些失去爱人的人们也各自重新有了自己的生活,但怨恨只不过被深埋,一经风吹还是会有腐朽的黄沙浮出水面。

就在某一年的冬天，村子的入口处突然出现了一位老人，慈眉善目，垂垂老矣。来到这村子后，他每天都会安静地站在村口，似乎满怀着回忆，又带有很多痛苦的色彩。所有经历过战争的老人们都没有想起这个人到底是谁，但大家都猜想这个人的家一定是在战争中被摧毁，可即使来到这里也不能让他忘记伤痛的往事。逐渐，大家发现老人其实是一个非常热情可爱的人，他尽自己最大的努力帮助村子里每一个人。他既是朋友，也是医生，还可以在需要时成为老师、砖瓦匠、木匠、画室等等，只要有需要他都能扮演好恰当的角色。大家对这个博学多才的老人十分佩服，也逐渐打开了在内心对于陌生人设下的壁垒。于是，老人开始和每个人聊起了战争前的情景，每个人也都乐于与他分享关于战争的回忆。老人鼓励大家建立学校，鼓励父母把孩子们送到那里去学习很多外面的知识。逐渐地，老人不仅成了村民们的朋友，也在其中树立起了自己的威望。

直到某个雨天的傍晚，老人在帮助邻居修葺房屋的时候从房顶上摔了下来。就在老人即将离世时，他突然坐起来抓住身边的朋友，用一种恳求的眼神看着所有来看望的村民。他无法发出任何声音，却满眼的泪水，用另一只手的食指轻轻地指向了自己书桌的方向。朋友从书桌的抽屉里拿出了一本老人所写的日记，并在日记的第一页发现了一张老旧的黑白照。照片中，一个与老人有七八分相似的青年人穿着敌军的军装，站在一辆吉普车旁，他正腼腆地笑着。照片背后，一行小字写道：祝亲爱的儿子20岁生日快乐。

显然，那正是老人的笔记，而照片上的青年正是老人出征的儿子。在那腼腆善意的微笑中，所有人似乎一瞬间明白了些什么。照片的背景是在南方某地的草原上，那里曾有一支军队经过，当他们离开后，留下了几十具无辜村名的尸体。村民们都或多或少听过这个恐怖的故事，尤其是在每夜晚风吹奏起哀伤的乐曲时，就更能感受到来自血腥本身的恐惧与愤怒。据说，那场争斗发生时因为某位长官的儿子被村民谋杀在村子外的某个僻静处，军官一怒之下杀害了数十位可能的嫌疑犯。数十人的鲜血染红了刑场，也染红了军官的双眼，正当恐怖气氛还要继续下去的时候，战争胜利的微弱号角把军官和他的军队带往了更深的战争漩涡。没有人直到当初那件事的真相，只知道战争胜利后的审判中，军官被认为战死在了某个战役中。

事实上，老人并没有在战争中被杀，而是被某位村民救下来并留在家里养伤。村民的儿子、儿媳还有孙子都死于那场战争，在至亲死后，那位村民过着艰苦的生活，每天的快乐似乎也早已被埋葬在了坟墓里。但村民最终还是尽自己努力治好了老人身上的伤，而作为回报，老人也陪伴村民度过了他生命中最后的日子。直到生命的尽头，村民才告诉老人，自己当时之所以要救下老人，其实只是为了为亲友邻居报仇。但当听到老人醒后的道谢，看到老人眼里的感激之后，突然又心软了。于是，村民打算尽自己最大的努力让老人康复，然后让他离开。这样，既减轻了自己的心理负担，也算是弥补了自己曾经试图杀死老人的罪孽。但出乎村民意料的是，老人伤好之后却留下来陪伴他一起度过晚年生活。村民死后，老人想起了当年的往事，并且希望能够回到当初的村庄弥补自己当初所犯下的过错。

老人带着微笑离开了人世，他早已被村民们原谅了。事实上，他并不知道早在战争胜利前的一段时间里，印着他照片的通缉令曾一度出现在村子里。就在那时候，一段关于恶魔的传说流传在了乡间的小道上。可当大家认出他真实身份的时候，早已选择原谅了这位活生生出现在自己身边的朋友、老师和邻居。

所有的仇恨只有仇恨过才会明白，正如一切的宽恕只有宽恕过才能理解一样。宽恕一个人比仇恨一个人更加艰难，并不仅仅是因为人性本善，更多还是源自于生存本身的善意。或许，宽容比愤怒更能带领人类走向成功。

心胸宽了，世界就广了

当站在历史的高台上，回顾往事，从那奔流而出的江中流出绚烂的光彩，正是我们最初和最终的目的。宽容，从来都是生命本身的美德，无关乎成败，更在于选择。正如房龙在他的历史小说《宽容》里所表达的思想一样，宽容既是一种个人的美德，也是一个国家、民族骨血里的灵魂。在历史缠绕交织的起伏哀乐中，宽容似乎成了贯穿一切的主线索。

在小说《坚不可摧》中讲述了这样一个故事，它向我们表达了生存、战斗与救赎的思想。故事讲述了男主角路易·赞贝里尼曾经是奥运会长跑选手。在二战时期著名的太平洋战争期间，路易在美国陆军航空队服役。他在1943年的战斗中因为飞机失事被俘，并在地狱般的日军集中营中度过了近2年的时间。战争结束后，路易竟然能从那个魔窟中奇迹般地活下来，并且通过坚强的意志摆脱来自战争的阴影，并从沉重的煎熬中解脱出来。

他决定宽恕那些曾经在他，以及他的国家之上留下深刻印记的人们，那是一种让人彻底轻松的感觉。自此，他才真正地结束心里的第二次世界大战。

就在战争结束的第五个念头，1950年的秋天早晨，天气有些寒冷，他正走在一条漫长的平坦小路上。这条路的尽头，是一座临时被搭建起来的简陋建筑，其上的拱门赫然写着监狱的字样。这让他全身上下感到了巨大的不适，他就站在那里等待着战服营的卫兵。

即使战争早已结束了4年多，他仍旧会希望能来到日本杀死当年那些毁掉自己的恶魔。然而，就在这个时候，他却打消了念头。因为他此行的目的并非是来报仇，而是要来到这里解答自己内心的疑惑。

有人对路易说，那些他心中记恨的恶魔，日军看守均已被逮捕，并且关押在这座监狱里。这时候的他甚至可以平心静气地想起，甚至提到那群恶魔。他心中唯独剩下一个难解的谜题——如果再次相遇，他将会有什么样的心情，是否会如曾经的那样平静？是否这次的见面会打破他长久保持的宁静？他惴惴不安地站在监狱门口，等待着答案的到来。

在那里，一共有两百多名战服盘腿坐在一间没有任何家具的休息室里。他们都剃了平头，身穿囚服，安静地坐在那里。在屋子前面站着的是路易，他俯视着眼前盘坐在地上的人们。突然，他在屋子右边稍靠后的地方看到了一张张熟悉的面孔，"卷毛"、"黄鼠狼"、河野、佐佐木……其中，"拐子"正在上诉，要求减轻自己的刑罚。但遍寻所有的囚犯，他唯独没有发现一名绰号叫做"大鸟"的渡边弘光。随即，他问卫兵关于渡边的情况，他被告知道，"大鸟"并不在这所监狱。就在过去的五年时间里，数以万计的警察搜遍整个日本也没能发现他。传说，这位曾经作恶多端的日军中士就在被四处通缉逃亡的过程中，因绝望而自杀了。

这些话深深地在路易心里留下了烙印，挥之不去，正是因为他的存在让路易在集中营里过着惨绝人寰的日子。而就在战后回国的漫长岁月里，路易依旧不能把这个让自己生活在黑暗和迷惘中的"大鸟"从头脑中赶走。直到那年的10月份，他从一位老战友的口中听到一个词"黎明"。突然间，他意识到那个曾经让自己恨之入骨的"大鸟"从自己的心底彻底消失，他所带来的耻辱和无助仿佛也随之无影无踪。自此以后，"大鸟"早已不再是仇恨的象征，反而变成了一个普通人。就好像他们曾经相遇在世界的某个角落，相视一笑，转身离开一般。在他的心中，早已摆脱战争的阴云，而那可怜的人却在绝望中斩断了自己的出路。似乎，阳光只能透过那些心灵透亮的人的心房。

因此，当巢鸭监狱的卫兵告诉路易"大鸟"后来的命运时，他看到的不过是一个早已烟消云散的人影和一段无法得到解脱的过往。对于那些曾经囚禁自己的战犯，他甚至突然会冒出怜悯的情感。就在那时，他内心发生了巨大的改变，就在自己内心的颤抖中，他感觉到了自己内心情感的巨大转变。就在内心深处一闪而过一种美丽的情感，那种发自真情的宽恕最终成了他一生最大的救赎。战争，于他而言，直到这个时候才彻底结束。

就在路易离开巢鸭监狱前，陪同路易的军官让那些曾经看守过路易的人主动站起来。随后，路易看到几个战犯缓缓地站起身来，一边疑惑地看着路易，一边犹豫不决地向前移动。此时此刻，路易突然感到从自己心里源源不断涌出来的单纯的快乐。于是，他不自禁地朝那位曾经伤害过自己的日本战俘微笑着伸出手去。他这次，真正地彻底原谅了这些人。

生命、生活，就像一个不断转动的齿轮，相遇、离别、重逢、邂逅、再离别。缘分就像牵绊着每个人的红绳，无论躲在天涯海角，还是近在咫尺，永远无法摆托命运的束缚。很多愤怒，很多仇恨之所以被人宽恕，不过是因为很多人有着一颗宽容的心。情感、性格、家世，都不曾影响一个宽容的人走向自我解脱，走向更宽广的领域。一个人的内心就好像一间卧室，只有打开门窗才能迎进来新鲜的空气，也才能让人得到解脱。

本以为能困住别人的牢笼，最后只会让自己迷路。漫漫人生路，几许淡然，几许哀愁。不要让愤怒遮蔽了一个人本该拥有的幸福。

宽容，与爱同名

一段路从两个人刚开始的相遇就被注定并不是起点，一次邂逅从最后一次挥手离别就已被注定并非终点。因为并非起点，就可能会在曾经的过往里有着某种这样那样的过错；而正因为并非重点，因此忘记过去的错误重新接纳才是走向未来的最佳道路。所以，我们需要宽容给以我们重新幸福生活的勇气，不要为了自己的过错生气，更不要为了别人的过错而生气。

春秋时代，问鼎周王的楚庄王曾发生过一件与他相关的趣事。

某天夜里，楚庄王设宴款待群臣。正当大家酒酣饭足的时候，楚庄王叫来爱妃为群臣表演舞蹈。忽然，一阵风把蜡烛吹灭了，在众人慌乱中只有一位将军打算趁乱调戏楚庄王的爱妃。爱妃急中生智，一把扯下将军头上的红缨，并将这件事告诉了楚庄王。爱妃向楚庄王哭诉自己的遭遇，并要求楚庄王下令点蜡烛，看看到底是谁调戏了自己，对这个人一定要严加惩治。可楚庄王并不以为然，他下令群臣摘下红缨方才下令点燃蜡烛。就这样，那位调戏王妃的将军得以逃过一劫。

此后不久，楚庄王亲自出征敌国，受困于敌阵中。楚庄王手下的兵将们都纷纷抱头鼠窜，唯独一位将军尤其勇猛，忠诚无比地护卫在楚庄王身边，保护楚庄王安全逃脱。楚庄王非常感激这位将军，只见将军摆手说道："我正是当初调戏陛下爱妃的大胆狂徒。只因陛下宽容才得以活到今日，所以如今我也舍命保护陛下，以报答陛下当时的不杀之恩。"

可见，宽容是人际关系最好的调剂，也是人与人之间和睦相处的关键所在。宽容别人，或许也正是为自己留了很大的后路。人生最常见的正是相逢，而最不缺少的也是相逢。相逢一笑泯恩仇，难得人生几回糊涂。古人之所以能做到宽以待人，或许正得益于在宽容这门深奥的哲学学问里收到长久熏陶的缘故。伟人之所以被称之为伟人，只因为他们都有一颗伟大的内心。严于律己，宽以待人。对他们而言，世界上没有不能原谅的过错，也不存在不能宽容度的个人。事实上，己所不欲勿施于人。自己不希望被人记恨，也没有要对别人犯下的过错耿耿于怀。正所谓君子坦荡荡，小人长戚戚，不要用自己的心装满了别人的过错，也不要以别人的错误来衡量自己。生命不常在，宽容却永远常在。

历史上还有一部将相和的故事，像我们阐述了宽容的力量。公元279年，在当时赵国有一位名叫蔺相如的人，如约完成了完璧归赵的使命，为国家立下大功。于是，被封为上卿，位在大将军廉颇其右。而廉颇自视甚高，对于蔺相如并不十分服气，并扬言要羞辱于他。而蔺相如听到这些传言后，非但没有生气，还为了国家大计经常告病在家休息，不与廉颇计较。甚至于有时候蔺相如乘车外出，遇见廉颇的座驾也会避而远之。蔺相如的门客以为蔺相如仅仅是因为害怕廉颇的权威才做出多般退让。蔺相如则解释道，正是因为两人同在一国，共同为赵国的大业作努力。只有两人齐心协力才能抵抗外敌侵侮，否则恐怕难逃秦国的魔掌。两虎相争，必有一伤，一旦任何一个人因为利益争夺而受伤必然会削减赵国的力量。因此，蔺相如宁可选择避开廉颇的锋芒，也不愿意因为自己私利损伤国家利益。听过蔺相如的这番话后，廉颇羞愧不已，并亲自到蔺相如家门前负荆请罪。于是，赵国的将相重归于好，成了生死之交。在两人同在的年岁里，保得赵国安然无事数十年。

宰相肚子能撑船。在蔺相如心目中，国家利益远重于个人利益，为了保护国家的长远利益牺牲自己一时的颜面又有何妨。于是，他对于廉颇咄咄逼人的行为选择了退避三舍。因为他明白，针锋相对并不能真正地解决问题，反而会让两人的处境更加难堪。既然暂时不能化解，宽容和忍让正是最佳的解决办法。这时候，宽容并不等于逃避，反而是另一种形式的面对。利益虽然不分先后，却有大小之分。齐家治国平天下，天下事永远大于自己私人的小恩怨。既然不能让自己从个人的纠葛中脱身，那么不妨尝试着以宽容的态度对待他人。事实上，当蔺相如以宽容的态度回避将相之间的冲突时,其中的矛盾也得到缓和。以宽容的姿态对待别人,以宽容的思维解放自己,虽不能杀敌,却能制胜于千里之外。同样,廉颇在看到宽容的姿态后,也重新思考了双方之间的是与非。随后,也就有了历史上著名的负荆请罪。

很多事情,并不要求每个当事人都要严格地明辨是非。因为实际上,只要发生在人类身上的问题,永远都无法看穿本身的过错与正确。无论是从廉颇的角度看,还是从蔺相如的角度看,这样的矛盾似乎都是无可避免的。完璧归赵,不仅得益于蔺相如的足智多谋,还有廉颇将军的舍身取义。让厚颜无耻的秦王暂时打消吞并和氏璧的想法,并保全了赵国的安全。可似乎只有蔺相如一个人平步青云,而留下廉颇官居原职。对于廉颇而言,难免不多想,难免不生气,因为这似乎意味着自己的功劳被一个文弱书生的几句巧辩完全淹没了。对于蔺相如而言,这次回避不仅让自己成了别人非议的焦点,还让自己失去了很多门徒智客,又何尝不是一个重大的损失。可当前大局要紧,两人如果不能选择宽容以待,或者随后等来的不会是平步青云,而是身死国灭。

一个宽容,说起来容易,坐起来却并不容易,尤其是那些家国性命系在腰间的王侯将相们。辗转千百年后,当历史的烟尘消灭了很多传说中的故事,却永远无法让那些本来闪着光芒的人淹没在黑暗的甬道中。宽容,成就了传说,也述说了其本身的力量。

放自己一条生路,不要让心迷失

最恨莫过于杀子之仇,最痛莫过于天人永隔。有的过错可以挽回,可有的错过却被注定不再相遇。有的人，即使经历过最大的苦难依旧能选择宽恕；而有的人哪怕收到最小的损失也会捶胸顿足，火冒三丈。

这是一个关于战争的故事，故事发生在一位父亲与一位将军之间：

经历过一场尤其残酷的直接冲突后，这支军队几乎可以说是全军覆没。唯独剩下了两个可怜的人留在沙漠中相依为命，一位是年老的炊事员，另一位则是年轻的指挥官。如果按照正常的轨迹来计算，这两个究其一生也不可能会如此近距离地接触，可他们却不得不在严峻的环境中一起求生。

战败后，将军从数以百计的战友的尸体中爬了出来，并且发现了年老的炊事兵。虽然他内心中不断地自责，要不是自己的无能为力如何导致全军覆没，千万条鲜活的生命被埋葬在这片荒芜而偏远的土地上。但当看到老人干涸的双唇正一张一合地似乎说着什么时，又突然有一种必须要带着这个人一起活下去的欲望。虽然很多时候命运并没有给予我们过多的选择死亡的权利，但只要自己握着通往生门的地图就一定要走出死局。

金色的沙漠中，漫无边际的黄沙之中不仅湮没了四周的景色，还掩埋了一切生的迹象。老人果敢地指挥将军，凭借着自己积累的经验带着将军前进着。逐渐地，为了生存，两人吃光了身上带着的食物，并杀了将军的战马。随后，两人不得不徒步行走在炙热的沙海上。老人负伤严重，将军似乎也并不好过，失去战马后将军必须要背着老人走出沙漠。一方面，将军需要老人的经验带着自己走出沙漠，另一方面他对于自己的失误满心愧疚。

将军背着老兵行走在漫无边际的沙漠中，一步一步，一天又一天，足足十天行走在寒暑交替的沙漠上。黄沙烧灼着自己的皮肤，满眼尽是由沙丘汇聚的曲线。白天，是无止尽的前路；晚上，是老人絮叨的抱怨。将军，与老人的角色在沙漠中发生了调换。老人随机的刁难成了将军最苦不堪言的忍耐。每天，老人一定会吃掉两人定额实物的大半，而将军只剩下可怜的一丁点维持生命。但年轻的将军并不生气，反而更希望老人能痊愈走出沙漠。

就在两人变得越来越虚弱的时候，老人要求将军抛弃自己独自去求生。可将军坚持老人是因为自己的过错才落到如今的局面，自己不能抛下老人独自求生。如果独自求生，终究得不到所有人的宽恕，就连自己也无法原谅自己。

这时，老人的脸上似乎浮现出一丝苦相，说道："你难道看不出来我这些天来对你的刁难么？带着我只会拖累你，你还是一个人走吧。即使再多的宽容，也不能和你的生命进行抗衡。"

年轻的将军却答道："因为您让我想起了我的父亲。"

老人无奈，解下自己身上的水和食物，递给将军，带着微弱的气息说道："你朝着太阳的方向一直走下去，不出三天一定可以走出沙漠。而我，将会在这片沙丘中寻找最后的净土。你走吧……"

老人看着将军不断尝试背起自己，有气无力地说道："你真的以为这片沙漠很大么？足足走了十天，连一点要走出去的迹象都没有，事实上我们的军队过来的时候只需要三天就穿过了整片沙漠。事实上，我一直带着你在沙漠里转圈。那时候，我亲眼看到我的两个儿子死在敌人的刀下，我想，这些全部都是你的错。我曾经想过，这是上天赐我的一个礼物，让我有机会能和你在这片沙漠里同归于尽。可就在这十天里，你对我的百般容忍让我对自己这样的想法感到可耻。"随即，老人永远闭上了双眼。

即使很多年之后，将军依旧能想起当时的场景。他长久伫立在老人的尸体旁边，眼看着老人面容安详地睡在灼热的黄沙上，突然对一切释然了。他们曾经如此地相似，把自己困在过去记忆的牢笼里，不肯宽容自己，也不愿意宽容别人。无论是否愿意，两人都是在朝着死亡的道路走去。漫长，艰险，可怕的路上，布满了灼热的黄沙，两个人都无法把自己从内心构筑的地狱中解救出来。一个人的身体可以被武力征服，但很多时候，爱与宽容才能让人彻底信服。只有宽容的心里才会住着爱，也只有带着宽容与爱才能彻底征服一个人的心。人世间最可怕的并不是死亡，而是把自己困在死亡牢笼里的无解结局。期盼着死亡将自己从某种困局中解救出去，带着愤怒伤害别人反过来也能伤害自己，身心俱疲不是上天的恩赐，反而是自我的惩罚。故事里的老人带着仇恨在看待将军，将军带着宽容解救了老人与自己。虽然将军宽容地对待老人的刁难，却无法让自己从对自己的责难中解救出来，对自己的愤恨燃烧着他年轻的生命。而老人最终被将军感动，放下心底的恨，用自己的宽容解救了将军。虽然命运是一曲变化莫测的交响乐，但宽容却好像一曲清流一般顺着乐声融入每个人的内心，哪怕最残忍的战场也无法拜托宽容所带来的能量。即使南征北战，内心软弱处也可以享受宽容的惠泽，将自己与别人从中同时解救出来。

　　有时候，不是愤怒困住了人，而是有的人自己把自己困在自己的心里，迷了路走不出来。宽容就好像空中的明灯，竖立在某个角落默默地温暖内心最后一片严寒。

第七章

厚道之人不揭短不揭穿，生气都不会

　　做一个厚道的人，留一条路给别人，也给自己的生命留一束光线。自己快乐了，也不要让人为难。历史故事中，多少人因为一时口舌之快惹来杀身之祸，何必自讨苦吃。不是任何时候都能适用据理力争，让一步，做一个厚道不揭短的人。

留一条路给别人，让自己的世界更宽敞

在一个天朗气清的早晨，一位先生上街闲逛。他想要在大街上展现自己的才华。就在他闲逛的时候，他遇到了一位旧友。他感到非常欣喜，希望和他互诉衷肠。于是，他热心地问好友道："你看起来脸色不佳，目光暗淡。最近有什么不好的事情在你家里发生过吗？"

对方显然并不想告诉他，辗转反侧，别过头忧心忡忡地说道："我出了一件大事……"

这位先生立马得意地答道："你怎么能这么事不关己地诉说这件事呢？或许你现在应该去找一位有名的医生，让你的病情有所缓解。"随后，他又高谈阔论说起自己的学识，以至于让朋友很难插上话："我亲爱的朋友请你告诉我，你早就发现自己的变化了么？"

对方脸色一转，生气地说："我现在的病很复杂，那就是看到你这副德行就会变得非常生气，由于生气我会满脸怒容，然后脸色发白。这就是我的病。现在，请你离我远一些。"

就不顾别人的感受揭短,引来的结果永远是失去了朋友,惹来别人生气。生气不是结果,确实一种选择。我们本以为自己所做的决定天经地义,却从未发现其实这件事大错特错。站在自己的角度永远看不到自己的错误,可一旦设身处地地从别人的角度来看待问题却能得到不同的答案。事实上,聪明的人是永远不会去揭短的,因为他们明白与其所树立一个敌人,不如多结交一个朋友。冒冒失失挑起争端,惹得别人不高兴,也可能少了一个朋友。《菜根谭》有这样的一句话:"不揭他人之短,不探他人之秘,不思他人之旧过,则可以此养德疏害"。为人处世,没有太多功过是非,揭短探秘只会引来别人的反感。多一条路永远比多树一堵墙要好得多,把潜在的愤怒化为善意才是最佳的解决途径。虽然身处言论自由的现在,我们也不能丢掉古人的告诫,靠着践踏别人的尊严找到自己的虚荣。结果不仅会导致像故事中的人一样,朋友丢了面子,自己也碰了一鼻子灰。何苦为之。

传说,龙的身上有一处"逆鳞",就在龙喉下直径为一尺的地方。这里的龙鳞石逆长的,只要有人碰到它,龙就会勃然大怒。无论是谁,都会被龙杀死。人亦是如此,无论一个人的身份、地位、权势和风度有多么傲人,也都存在一片不容别人触碰的地方。小心翼翼保存,不容许任何人侵犯,这就是我们所谓的"逆鳞"。因为每个人有着自己独特的经历和生活,无论出生还是性格,都有着自己独特的地方。对你而言无足轻重的地方也许就是别人的弱点软肋所在,别人极力掩饰这些"疮疤",你却以不礼貌的语言揭露出来。与人相处不是展现自己威风的场合,四面树敌终究不是为人处世之道。

正如同揭竿而起的农民英雄陈胜,非常忌讳别人说他曾做过"地主家长工"。后来,他的几位患难兄弟却因为在他面前有意无意提当年的事,引起了他的杀心。因为揭短,这些兄弟们为自己招来了杀身之祸。

三国时代,刘备"少须眉"。在古代,这种形象的男子被认为是没有男子气概的象征。刘备刚到西蜀,刘璋手下须发茂盛的张裕取笑他这个弱点,让他愤怒不已。后来,刘备赶跑了刘璋,成为刘裕的上司,终于找了一个理由杀了张裕。虽然这样显得刘备心胸有些狭隘,但张裕说话尖酸刻薄,虽然一时口头占尽便宜,但最后招来了杀身之祸。得不偿失,惹来别人心里的怒火,损害了别人的尊严引来自身的杀身之祸。

又例如,在职场上,我们经常会看到这样的故事。两位同为竞争对手的科员为了竞争科长的职位互相揭短,日久天长,其他人只会看两人闹笑话。到头来,两人闹大了,却发现最后科长变成了其他人。转眼一看,自己成了别人眼里的笑柄,还需要花很长时间来化解别人对自己的偏见。

在争吵过程中,人会很轻易地将自己的弱点暴露出来,也很容易发现别人的缺陷。这个时候,我们要做的不是去揭短,而是要为别人保留尊严。无论是有心,还是无意,多一个朋友永远好过树一个强敌。生活本来就无不艰难,漫漫旅程总有着各种各样的艰难险阻,多一个人陪伴,少一份生命的孤单。更何况揭短只会招祸,惹得小人积怨,招来君子厌烦。多一份宽容是对别人的尊重,少一份刻薄也是我们应有的礼貌。做不到的,永远不强求别人理解,但别人的短处却要明白各自的苦衷。多多为别人着想,少让别人难堪,勾起别人的怒火,何苦自己找麻烦。

大哲学总也学不会,生活中的小学问却要尽力做好。不揭短,不说穿,其含义不是让人去包庇,而是应当多看到别人的好处,少看到别人的缺点。少招惹一些是非,多管好自己的行为,只有这样才能多些进步,少些阻碍。留给别人多一点尊严,多看看别人的长处,少说别人的不足。为别人多留一条路,别人走得舒坦,自然自己也就少一些障碍。

虽然说自己生气并非好事,但惹得别人动怒也并非善举,让自己路上多了障碍，惹来别人不悦自己也得不到半分好处。所谓人生路很宽，留一条路给别人走，让自己的世界也变得更加宽敞。

顾全别人的颜面，就是给自己余地

中国有句谚语："打人不打脸，揭人不揭短"。立身处世，需要与人友善相处，尽量体谅他人，让彼此之间留有回旋的余地。因为维护了别人的尊严，别人才会顾及你的颜面。唇枪舌剑，剑拔弩张也不能成为损毁别人颜面的借口。说话不分场合，不辨对象，张口就来。容易在无意中揭了别人短，让别人难堪，也无事惹来祸端。

明太祖朱元璋在传说中是一个残暴的国君，他正直不阿，却又发明了很多酷刑。他一生廉明，却似乎也有很多不明朗的故事。出身贫贱的朱元璋不愿意别人提起他曾经的境遇，但一旦成了皇帝，就难免会有一些曾经的旧友想起自己来。在他们看来，朱元璋一定会念在昔日的交情上赐他们一官半职，让自己也跟着沾光。但他们万万没有想到，朱元璋最忌讳别人提起自己的昔年旧事，因此对来访者大多选择无视。

有一位朱元璋童年时的好友千里迢迢来到了南京，几经周折才能进宫觐见皇帝。刚一见面，这个人就立马大嚷："哎哎哟，朱老四现在当皇帝可威风了。还记得我吗？当初我们一起光屁股玩耍，每次你干坏事但挨打的一定是我。还记得某次我们一起偷豆子吃，我们偷着用破瓦罐煮豆子。还没煮熟，你就先抢着吃。结果，咱们把瓦罐打翻了，豆子撒了一地。当时你吃的太急，被豆子卡住了嗓子眼儿，还多亏了我才帮你把豆子弄出来。不知道你还记得这些事吗？"

当着群臣的面，他喋喋不休地讲着朱元璋当年的糗事。此时，高高在上的皇帝陛下却心想，这个人竟然当着文武百官的面揭我的短，有损于我的颜面。于是，盛怒之下，朱元璋命人杀了这个不知趣的童年好友。

忠厚老实太过，却没有意识到场合的区别。且看另一位朱元璋童年好友的遭遇，就可以清晰地知道这其中的区别了。

某天，朱元璋的另一位童年好友也来到了朝堂上，面对朝堂上的百官他说："皇帝陛下万岁！当年臣追随陛下扫荡芦洲府，打破罐州城。可还是让汤元帅逃走了，大家只拿住了豆将军。可惜当年红孩儿当道，多亏了菜将军帮助。"

事后，朱元璋封了该人官职，以飨当初的交情。他所说的罐州城指的是当时煮豆子的瓦罐，豆将军则是偷来的豆子，汤元帅是煮豆子的水，红孩儿和菜将军分别是红草叶子和青菜叶子。短短的一句话就把当年与朱元璋一起偷豆子煮食的事娓娓道来，既不损朱元璋的英雄气概，也让他回忆起了当年共同受苦的日子。不揭短，又办好了事。

同一个故事，两种不同的说法让人生出了两种截然不同的反应。天上地下，一个成了高官，一个成了刀下亡魂。多少事，论不得输赢，只有做到最好才能得到自己的一席之地。成功并非失败太多次的结果，而是很多人精心注意细节完美所促成的结果。失败与成功在于刹那间，一个不小心的揭短泄密，让别人难堪，可能最后也会让自己追悔莫及。

事实上，这样的故事并不少见：

曾经有一位养鸡场的主人，在心里有一个顽固的偏见——大多数传教士讲一套做一套，表里不一，道貌岸然。满口仁义道德，私底下却干着很多见不得人的勾当。为了自己心中的正义感，养鸡场主人随时随地都准备着散播关于传教士的坏话，抹黑他们。

后来，有一天两个传教士来到他的养鸡场找他买鸡。老板开门做买卖，没办法拒之门外，只能让他们随意在养鸡场里挑选。可是他们千挑万选，只选中了一只快掉光毛的跛脚的公鸡。

主人很奇怪，为什么他们会选择这样的一只鸡？其中一位传教士回答他说："我们想要把这只鸡放在我们修道院的养鸡场里，如果有人问起，我们就说是从你这里买来的。"

养鸡场主人听后，立马后悔了，急忙摇头说："这可不行，我这个养鸡场里养出来的鸡每一只都健康漂亮，怎么可能有这样的。它正是因为喜欢和其他的公鸡争斗打架才会弄成这副德行。如果你把这只公鸡放到修道院里，只会让所有人误会我养鸡场的形象，这对我根本就是不公平。"可另一位传教士却回答道："这很公平，你因为少数传教士的错误抹黑所有的传教士，用少数派作为全部人的代表，这是你最开始用的逻辑。现在我们还给你，不过是以牙还牙罢了，很公平的。"

每个人都有自己避讳的地方，也有自己难以避免的缺点，如果被人当面说出来无疑是颜面受损。因此，凡事给人留下一些情面，不揭人短，自然不会招人怨恨、报复。厚道本分本身并没有错，但不分场合对象地揭短却不是聪明人的行为。说错话犯了别人的忌讳，触了别人的底线，虽说是有口无心但并不见得被人原谅。如果遇到小人，怀恨在心，那么将可能为自己招徕祸端。愚蠢的人虽然一片善心却并不能赢得善果，聪明人则不会让自己的行为白白招徕祸端。让世界少一点争端，让人际关系之间少一点火气，生活只会更好。

打人不打脸，揭人不揭短。做个厚道人，也要做个聪明人。

做人不必做绝，中庸处世

中国人自古以来好脸面，也喜欢为别人留下一些颜面。尺有所短，寸有所长，做任何事都要为别人留有余地，不做过头事，不说过分的话。做到中庸原则，说话做事要恰到好处，这是一种生活的哲学，也是一种处世的道理。

很多人一生的坚持，就是为了安乐幸福。生活中处处小心，却往往在一个小细节上前功尽弃。有这样一个故事：一对夫妻，相依为命二十多年，育有一个儿子，事业上顺风顺水，事业也逐渐步上正轨。正当小有成就的时候却出现了意外，丈夫得上了一种怪病。这种怪病持续的时间颇长，眼看着很难治好。于是，全家人病急乱投医，甚至于请来了风水先生，看风水，测八字，全家一时间乱成一锅粥。可病人的病还是不好，家里却早先闹开了。夫妻两人经常吵架，让夫妻间的关系日渐触及冰点。后来，两人终于还是离婚了。当旁人问起，方才知道丈夫在吵架的过程中说出了伤人的话，心里念着自己没有娶到一位年轻美貌的女孩做自己的妻子，而娶了相貌平常的妻子。而妻子则一直抱怨自己跟随丈夫度过艰难岁月，认识于微时，陪着他走南闯北没一天过上安心的生活。最后，相互伤害，妻子说出了当初娘家人不看好丈夫的狠话。于是，双方在一片骂声中，分崩离析。就这样，一段美好的婚姻和一家人的幸福就毁灭于相互伤害的过程中。一个人一旦生气就很难保持理性，互相揭短的事很难避免。相互伤害容易，可是重获幸福却非常困难。

现在的人很少有雅量，动辄骂人，张口就是别人的短处，口不择言。

《兰州晚报》刊载过一片名为《错爱引发惨案，凶手被判死刑》的文章，陈某身患小儿麻痹症，却得到了心地善良的小凡的青睐。那时候，小凡已婚，并且还有孩子，可陈某并不在乎。在短短几个月后，小凡对陈某的激情减弱了，逐渐冷落了陈某。可是，两人之间有经济牵扯，陈某在一次酒后电话小凡让其和自己和好。出乎意料的是，小凡一改常态，口出恶言，并且将陈某的软肋"小儿麻痹症"作为自己的武器。某天下午，陈某赶到工厂和小凡见面，要求小凡道歉。可小凡却决然拒绝，她的反应惹怒了陈某，于是陈某拿出了准备已久的匕首连捅了小凡5刀，就这样，这段故事以悲剧告终，小凡成了陈某的刀下之魂。她留下了年仅5岁的孩子，还有一段议论纷纷的风云旧事。审判的结果是，被告人陈某因故意杀人罪，被判处死刑，剥夺政治权利终身，并赔偿被害人家属9.6万余元。本不该发生的悲剧发生了，本不该爱上的人爱上了，但固然有错却不至于丧命。虽然生气，但胸中的怒火不能演化成咒骂，更不能放任自己去揭别人的短。一时的怒气，本不是自己祸端的来源，一段错爱本不该是厄运的索引。曲曲折折，千丝万缕，生命的终结本来就很无奈。可惜生命不能重生，幸福不再往生，错过也是一种过错。

打人不打脸，骂人不揭短，为人处世不能做过头。中庸之道从来没有在中国失去过光彩，做人要适当。给人留半分薄面，之后方才好相处。

三国有一个故事，就是诸葛亮骂王朗的教训，个中滋味自己品尝：

……王朗纵马而出。孔明于车上拱手，朗在马上欠身答礼。朗曰："久闻公之大名，今幸一会。公既知天命、识时务，何故兴无名之兵？"孔明曰："吾奉诏讨贼，何谓无名？"朗曰："天数有变，神器更易，而归有德之人，此自然之理也……公可倒戈卸甲，以礼来降，不失封侯之位。国安民乐，岂不美哉！"

孔明在车上大笑曰："吾以为汉朝大老元臣，必有高论，岂期出此鄙言！吾有一言，诸军静听：昔桓、灵之世，汉统陵替，宦官酿祸；……汝既为谄谀之臣，只可潜身缩首，苟图衣食；安敢在行伍之前，妄称天数耶！皓首匹夫！苍髯老贼！汝即日将归于九泉之下，何面目见二十四帝乎！老贼速退！可叫反臣与吾共决胜负！"

王朗听罢，气满胸膛，大叫一声，撞死于马下。

怎么会有人因为被骂死。一方面说明了王朗气量狭小，再者诸葛亮拿住了他的死穴，直对死穴进行攻击。两军交接，无论什么样的言战都不为过。可是，现实生活不是战斗，你死我活并非我们人生的追求。论坛上的剑拔弩张也不过是游戏的话语，虽然有些语言冲突实属必然，可对对骂要有君子的雅量，应该有君子的风范。不要用揭短的方式去获胜，以死相斗只不过是小人的举动。现实中，像王朗一样的气量狭小的人确实不多，可现代人的文明交流方式也不能在古人的道德水平之下。做人的哲学，从始至终从未改变，做事留一点颜面给别人，也留一条路让自己自由走。做事不必太好强，做人无须太极端，有的时候得饶人处且饶人，否则狭路相逢难免有死伤。

做人不要做绝，做事却必须要做好。不要让自己养成揭别人短处的习惯，否则你没有为别人留下脸面，自然也不会有人为你多留一条出路。

人情留一线，日后好相见

人与人之间的相处永远是相互的，你为别人留下一份面子，自然别人也会为你留一条路。一旦你伤人一份面子，他人必然会十倍奉还。给人颜面，一方面是为了避开不必要的麻烦，另一方面则是为了增加生活中的一些便利。你给别人一分面子，别人自然也不会给你难堪，或许还能在你办某些难事的时候让事情变得容易。

人情社会，人与人之间的相处，讲究人情往来和保留脸面。面子关系到一个人的尊严，也是很多人心里关注的底线。不给别人面子，即使是最好的朋友也能变成路人，最亲的亲人也能成为一生的仇家，轻则让自己经常受挫，重则伤及生命财产。名利场上，争相角逐，争相逐利的战场上多一个朋友当然胜过树立一个强敌。著名的清朝名臣曾国藩曾经讲过这样的一则故事：

据说在春秋时期的魏国，有一个叫做须贾的大夫，此人非常有见识，因此深受魏王的倚重。当时的魏国眼看着齐国日渐强大，生怕被齐国吞并，因此派此人到齐国巩固两国交情。

当时在须贾的门客中有一个叫做范雎的人，很有才干，为了更好地完成魏王的命令，须贾决定带着他一同前往齐国。可没想到他们却被齐王大骂了一顿。

眼看自己没能完成任务，须贾心里很害怕。回到魏国后，他为了推卸责任便对宰相魏齐说，这次任务失败的原因在于范雎私下里接受了齐王的礼物，作为回报他象齐王泄露了这次行动的机密。于是，魏王大怒之下命人将范雎抓起来，重责一番后又丢进了厕所里。受到如此待遇的范雎怀恨在心，决心报复。

不久后，在朋友帮助下养好身体的范雎逃到了秦国。在秦国，范雎为了报仇，改名换姓为张禄。凭借着自己出众的才智谋略，张禄受到了秦王的器重，委以丞相的重任。范雎极力辅佐秦王为政，国治民安，国力日渐强大，并制定了"远交近攻"的外交策略。

一年后，当魏王听说秦国有东征韩国和魏国的想法后，就召集群臣商议办法。宰相魏齐回答："秦国是强国，如果我们直接抵抗，根本无法取胜。听说秦国的宰相张禄是魏国人，我想他对于祖国总是有一些感情的。我们大可以去寻找张禄，让他帮我们秦国求情。"魏王赞同他的提议，便打发大夫须贾到秦国说和。

须贾来到秦国，并来到宰相府拜见张禄。范雎一看到须贾，心里自然不会高兴，深知这次正是自己报复的时机。相反，须贾看到张禄就知道自己这次又不能完成任务，瘫坐在地。

于是，当晚范雎大摆筵席，请来了各国的使者。他请须贾坐在堂下，并命人在他面前放了一盆马饲料。又叫来两个脸上刺着养马犯人的人夹着他，像喂马一样喂他吃马饲料。他这样做的目的就是要让须贾受辱。范雎一边喂他，一边说道："请先生帮我问好魏王，让他尽快把魏齐的人头送来，否则秦国将血洗魏国。"不久后，魏齐被逼无奈只好自杀，而须贾也没能侥幸逃脱。

贵为魏国的宰相和大夫，因为一个小小的门客而丧命，这样的事说起来又何其地悲哀、所谓"人有脸树有皮"。每个人都有自己的自尊心，在人际交往中千万不要让别人的尊严受损，更不能损伤别人的自尊心，尤其不能揭短伤人。虽然在人际交往过程中摩擦冲突无法避免，但我们应该做到就事论事，尽量做到客观。在冲突中，应当尽量保证双方的理性，一旦有一方生气发怒后果便不堪设想。专揭别人短处，不仅不能解决问题，反而还会引起进一步的冲突，甚至还会导致双方丧失理智，做出蠢事来。

谦虚谨慎向来是中国文人为人处世的原则，面对原则性的问题可以理直气壮，而对于非原则性的问题则应当更加宽容。俗话说："良言一句三冬暖，恶语伤人六月寒"。恶意揭短，伤人自尊，令人难堪。人际交往的时候，维护别人的自尊是必需的，即使别人有过错也不应没有礼貌。从这个故事看，曾国藩一直奉行着尊重他人赢得他人尊重的相处之道。

"成人之美，不送人之恶。"换句话说，中国人的美德中有成人之美，它也是我们中华民族的一个优良传统。与人相处，多说鼓励正面积极的话，少说损害别人的话。与人交谈必须要避开议论别人的短处，不能拆别人台，把他人的兴致变成泡影。要是一个人只会损人利己，只会遭人唾骂，成为千夫所指的小人。

在一次宴会中，某人正在向旁边的太太大谈特谈某位校长的秘密，并表现出了对该校长的鄙夷，再加上很多攻击性的话语。

当他说完后，那位太太问他："你知道我是谁吗？"

他摇头，表示并不知道。

夫人微笑着答道："我正是那位校长的妻子。"

那位先生愣住了，随后凛然道："您知道我是谁吗？"

太太摇头。

那人如释重负地自言自语道："不知道就好。"

这场令人尴尬的交流，幸而那位太太并不知道那位先生是谁，否则一定会让场面更加尴尬。说话是人际交往的一门重要艺术，是待人接物修养的重要表现，无论人前人后都不要试图去揭别人的短，否则不仅让自己非常尴尬，也可能会引起听者的反感。

正所谓金无足赤，人无完人。每个人都会有缺陷，也都会犯下错误。我们要做的不是死命揪着别人的缺点紧追不放，而应当在适当的时候得饶人处且饶人。宽以待人，严于律己才能让人有朋友。

揭短，让愤怒随处现形

揭短从不是一个人的好习惯，它只会让人与人之间的关系变得疏远，让原本的幸福变成不幸。无论面对什么样的人,不揭短是我们必须要做到最底线。

著名导演李安,曾三次获得奥斯卡的殊荣。在他的背后,有一位默默地支持他的贤妻。在他最落魄的6年里,他一直是一位全职先生,依靠妻子的收入维持生活。曾经他想放弃的时候,妻子反问,他曾经追求的梦想是否还在。

可就在李安功成名就之后,他的太太仍旧保持原来的沉默,从未发表过任何贤妻的宣言。曾在一次采访中,李安的太太林惠嘉透露:"我一直认为他那6年的沉淀非常必要,由此历练出他个性中有极具细腻与坚韧的一面。在没有电影拍的日子,或是拍电影太辛苦的日子,他都能一路咬牙支撑过来,真的是勇气可嘉,很伟大,但是在家中,他仍然是那个会烧菜的男人。我对他说,不管你捧了多少个小金人,你还是那个李安,家不是片场,你要完成所有的家务。"这就是李太太的回答,无论在任何时候,丈夫永远是她的丈夫,无论成功或者失败她都会支持并且尊重她。事实上,很多妻子在贤惠的同时,也会采取揭短的方式来体现自己的伟大。这种方式却是不可取的。

不仅夫妻之间相处需要这样,陌生人、朋友之间的相处也需要相互尊重,互相不揭露伤疤。没有人愿意自己的伤口暴露在外,也没有人愿意让自己弱点成为外界的焦点。性格应该放在向阳处,欣赏别人的好,忍受别人的缺点。善意地交流,坚决不能揭短。

有一天,一位法师正要开门从某个地方出来,却被迎面进来的一位彪形大汉撞得满怀。只听见"砰"地一声,法师的眼镜被撞到了,眼镜片戳青了他的眼皮。随后,镜片跌碎在了地上,摔得粉碎。

法师本不在意,却见那位满面须发的大汉满脸理直气壮地责问道:"谁让你戴眼镜的?"

法师不动怒，反而微笑地回报他的无理。大汉看到法师的举动，非常诧异地问："大师为何不生气？"

法师答道："为什么要生气？生气，我的眼镜镜片不会恢复原状，我脸上的淤青也不会立马消失，我的痛苦不会减少一分。并且，生气只会让小事化大，我生气对你破口大骂，或者我们大打出手，不过是伤害了自己的身体，损人而不利己。对自己没一点儿好处的事，为什么我要去做？"

生气只会让事情的影响扩大，并不会让问题得到解决。

这件事发生很久后，某天法师收到一封挂号信，内附大汉的 5000 元钱。信中，大汉写道：

师父敬启：

非常感谢大师救下我三条命。

事情是这样的，那天撞了大师您，您对我的训示让我醍醐灌顶。

我年轻的时候，不知道进取用功，毕业之后的工作也平凡普通。为此，我十分苦恼，常常自怨自艾。即使后来结婚了，我也不会善待妻子。某天我外出上班，因为要返回拿公文包而撞见妻子与一名男子正在家中谈笑风生。于是，我极度生气，一时冲动想要跑进厨房拿一把菜刀杀了他们，然后自杀。这样，我就可以从这样的生活中摆脱了。可当那男子慌乱中掉落了脸上的眼镜，让我想起大师您的教诲，并及时制止了自己愚蠢的行为。我想，对于妻子的出轨，我需要负责。因为我实在不应该在婚后冷落她，不友善地对待我的妻子。

经过这件事，我方才明白了很多为人处世的道理。生气不能解决问题，暴躁莽撞并不能帮到我，反而会使事情变得更糟。

……

通常，一个人在抓住别人的弱点后会得理不饶人，不依不饶地要讨回"公道"。如果一个人在被别人撞到后，非但听不到对方的认错道歉，反而恶语相向，责怪自己不小心。大家通常都会反唇相讥，紧紧抓住被撞倒的事实争论双方的功过是非。固然自己有错，可一旦这个错误被人揪住不放，我想每个人都不会有好心情。随即，两人争吵，相互指责，互相揭短……这种事情在我们的生活中，并不少见。凡是纠纷，永远发生在没有人肯退让的时刻。人们往往会说，人际交往重要的不是追求自己的利益，而应该注意不影响别人的利益。面对逆境，生气莽撞完全无济于事，相互揭短也只会让问题恶化，已经破碎的关系则将变得更加糟糕。法师并没有得理不饶人地一味责怪，反而以理服人，借机传播自己的思想。之所以法师的话能让对方信服，是因为他事先做到了对别人的尊重，让对方能够平等地听他的阐述。

其实，我们的生活也不过如此。一天的工作下来，身心疲惫，根本没有心情去消化别人话语里善良的针刺。我们通常随时带有善意的色彩，处处小心谨慎生怕踩到别人性格的雷区，只是为了让别人相应地友善对待自己。无论是朝夕相处的夫妻，还是陌路相逢的路人，相处永远是相互的。你对别人的尊重，才能换来别人对你的欣赏，没有谁愿意挑起争端，也不会愿意别人毫无礼貌地揭短。说者无心，而听者却有意。也许一句无心之失，让别人很久无法释怀。

如果说说话是一种艺术，那么这门艺术不仅需要善良的品德，还需要厚道的礼貌。揭短不是快人快语，也不是真性情，它从本质上只能算是没有礼貌。不揭短，做人要厚道，让愤怒的种子将不再有新芽冒头。

第八章

静气、静心、静思,静能熄火

　　从古到今,波澜不惊是智慧的表现,遭遇别人无心之失或者有心之过的时候,生气于事无补。相反,这只会让自己变得烦躁,失去了思考的能力。换个角度想问题,灾难不过是雨天彩虹到来前的预备,让心底住进阳光,从此变不再害怕孤独。

让思考熄灭心中怒火

　　世界运行自然有其独特的规则，虽然很多人说历史是偶然与必然的结合物，但很多时候我们仔细窥探历史上的主角们，却总会发现一些蛛丝马迹。千古家业兴旺，被人民寄望在帝王身上，并形成了肉食者谋之的固有思维模式。如果历史重负由一个人，或者一个家族承担，自然难免会出现兴亡交替的危机。历史上这样的事件不胜枚举，而明末的崇祯皇帝朱由检真可谓是一个颇具争议性的人物。

　　朱由检勤奋节俭，聪颖而果断，虚怀若谷，运筹帷幄，可谓是明君的典范。然而就是这样的一个人既挽救了明朝岌岌可危的江山，最终也变成了自缢于煤山的亡国之君。留存在历史上的哀歌从来不断，虽然他一生并没有被加上暴君的名衔，事实上他确实一个易怒的君王。面对内忧外患，他杀人无数，放眼河山满目疮痍，朝廷社稷危在旦夕。如果说他是贤者，那么一生的失败在于不能控制住自己的情绪。

　　他一手提拔被谗臣陷害的袁崇焕，让其将帅之才在这座危城外形成了另一座宏伟的长城。驰骋沙场，屡建奇功，重创清兵，为了朱氏王朝出生入死，九死一生。可即使如此，还是在己巳之变中变成了皇帝愤怒的焦点，被判处凌迟之刑，成就了千古奇冤。刑法现场，百姓们哄抢袁崇焕的血肉，以表达自己对这位叛国者的愤恨。试想一下，一瞬间，千百个人瞬间满眼血丝，抢食人肉与人血。残忍，恐怖，压抑。

然而，不久后，当崇祯在皇城中望眼欲穿吴三桂能班师回朝救驾的时候，是否曾经想起过袁崇焕两昼夜策马飞奔救他于危难的事呢？当他听说自己信任的权臣开门迎敌时，是否还会想起那个将清兵拒之关外的武将？万寿山上回忆过往时，曾否想起当年百姓啃食袁崇焕血肉时的景象？

正是因为他一时的愤怒，自毁了明朝的长城，让后世哀叹，让清兵拍手称快。自此后，关中不再是汉人的天下，直取汉家天下不过探囊取物罢了。当年金戈铁马徘徊关外不敢向前，策马南向却不敢再动半分，以至于努尔哈赤病榻上最终对此耿耿于怀。皇太极一个反间计，再加上一个易怒的皇帝，杀死的不仅是王朝的希望，也是军队的最后一点对于王朝的期待。这也正是后期出现军队集体向清军投降的一个诱因，在他们看来他们的皇帝如果连一位向来对他忠心耿耿的将领都能跟随自己的喜怒随意杀害，那么他们的性命就更可能如同草芥一般被皇帝抛弃。于是，诚惶诚恐中，国民迎来了朝代的更替，沙场上战马嘶鸣，皇城内人心不稳。帝都皇城，皇帝忧愤交加，眼见江山不保，竟然对亲人痛下杀手。悔，一世已难挽回。恨，百年朱氏王朝毁于一旦。有的事，发生在一瞬间，有的事，却已经在一瞬间注定了。要不是自己因为一时猜忌愤怒，要不是因为自己想来暴躁嗜杀，如何会导致后来亡国身死的局面？有的事可以事后弥补，有的事却不能再次回头。悔不当初又如何？无怨无悔又如何？兴亡百姓苦的回声盘亘在史书中，血流成河的事实却没有人能真实地绘入画卷。数百年后，大家不过知道一段万古遗憾，却没有人思考其中的典故。没有人会明白，因为一时的愤怒，让一个人疯狂如猛兽，让一个人不顾后果，让一朝的百姓嗜血如命。

漫漫黄沙，掩盖了历史本身的前缘后果，只记下了成王败寇的结局。数百年后，当反思王朝兴亡更替的时候，或许我们可以作下如此的假设。如果崇祯皇帝兼具尧舜的美德，并且能够忍住心中怒火，虚心求证，便不会如此草率地处死当初的贤臣。这样的事，在崇祯一朝内发生并非一次，袁崇焕也并非最后一个死于崇祯愤怒下的人，就连他最爱的女儿也不过是在他的剑下求得残生。如果深孚众望，肩上负担着重任，只有学会忍耐，学会思辨才会让自己明白千百年来人们所传诵的佳句。身居庙堂之上，却不思天下人，任由自己的愤怒蔓延至朝堂外。谈笑间，樯橹灰飞烟灭。朝代如此更替频繁，流着血的史书向无数人述说了一个又一个以史为鉴的箴言。盘桓在空中的玄妙音乐，似乎妄图绘出一篇古旧的篇章，让每个人明白生气只会让亲者痛，让仇者快。生气不会给人带来任何益处，只会让智者变得愚蠢，让勇者变得冲动。螳螂捕蝉，黄雀在后，当你因为愤怒去做一件事，自会有别有用心的人隔岸观火，等待渔利。

一个人受到情绪的支配，自然也就失去了客观判断的能力，更遑论作出准确选择的判断力。自古以来，在贤者心目中，情绪向来都是人的奴隶，可总会有的人却让自己受到情绪的奴役。三国时代怒杀华佗的曹操，不也正是最好的例证。秉持着宁负天下人的心态，任由自己的脾气主宰自己的选择，仅凭着一句开颅治病便杀了华佗，这位极有可能治好他头痛顽疾的名医。最终，这位战乱中的一世枭雄竟然死于头疾。一生戎马奔走所为的霸业，最后也只能换得一段追谥武帝的头衔。而北魏江山，在其身后也逐渐被全程司马家族逐渐蚕食殆尽。有的人生而足智多谋，机关算尽，却无力扭转因为一个失误所带来的败局。有的人一生权谋智略，却总会在一时间被怒气所佐，作出冲动而错误的决定。一个曹操，成就了司马家族的野心。一个朱由检，成就了满清几代人的梦想。不思量，自然不会明白一个小怒火能引起国破家亡。古书难忘血染江山，边关孤魂悲鸣的画面，试图告诉每个人亲者痛，仇者快的古训。

孤舟蓑衣，当你选择被怒气奴役时，便已失去了反悔的机会。或许，让光彩照遍梦中，让时光流逝所带来的痕迹刻入心中，会更好些。让思考熄灭怒火，让光彩照进内心。

静心是良药，它能解救你

生气最好的良药是安静，静下心来反思，或许会收获不同的效果。

老张头当了几十年的屠夫，练就了"一刀准"的绝技。拥有这门绝技，让他每次卖肉都不需要过称就能切出客人想要的重量。只要客户一声嘱咐，他只需要用刀尖轻轻一挑，再用刀在空中画下一道弧线就能有一块不轻不重的肉落在事先准备好的塑料袋里。长久以来，从来没有人怀疑过他会缺斤少两，只需要过称就知道他从来没有失过手，因此他的名声早已在周围传开来了。

当地的电视台正在举办一场名为"奇人绝技"的综艺节目，张老头决定为了大奖，前去报名参赛。

赛场上，主持人说："张师傅，1斤2两肉，必须要一分不多，一分不少。当然，我们的奖金也会一分不多，一分不少。"老张头点点头，万分小心地拿起刀准备切下。这时候他头上已经微微渗出了汗珠，手心里也有些许湿润。过了很久，当主持人催他快点下刀了之后，张老头才狠心一刀切下去。随即，电子秤上一过，多了1两。显然，他发挥失常了，因为那万元的奖金让他失了魂，根本无法发挥出平时的水平。一旦一个人失去了平常心，那么这个人就已经不再是平常时候的自己了。

同样的事情还发生在另一位著名的高空运动表演者身上。当第一次面对高难度的挑战，站在两座高峰之间的绳索上，他突然感到害怕。生怕自己完不成这次任务会让自己之前所有的努力都会白费，也害怕因为这次的失败让别人怀疑自己的能力。每每想到自己可能失败，就又重新失去了站在绳索上的勇气。最终，当他看到自己最小的女儿眼里纯粹的目光时，方才意识到自己为了这场最盛大的表演已经演练了很多次，并且没有失败过。他明明可以完美地做好这一切，又为什么突然对自己失去了信心。他立马做了几个深呼吸，把目光锁定在前方，大步向前走去。无论观众的掌声多么热烈，在他眼里只有前方的路要走。他努力让自己的心静下来，一步一步地走完了漫长的绳索。最后，他不仅打破了自己的记录，也打破了内心中某个懦弱的环节。每个人都会有弱点，也会因此心慌烦躁。但只要能适当地让自己的心安静下来，总会找到最佳的解决途径。不是每条路都被砂石堵死，只有放轻松才能享受到生活的阳光灿烂。

印度诗人泰戈尔曾经说过："给鸟儿的翅膀绑上金子，那么它将再也不会直冲云霄。"世界变化莫测，诱惑与机会随时可能让我们看花了眼。一不小心，我们的内心就会波澜再起，原来澄澈安宁的内心就会变得波涛汹涌，浮躁、喧哗、功利成了这时候的主色调。心静，是一种气质，也是一种涵养，更是一种境界。正如诸葛孔明所言："非淡泊无以明志，非宁静无以致远。"对于心存高远的人而言，只有把理想和追求放置在高远的地方，看淡一切名利享受，方才能在浮躁喧哗的世界里超脱，坚守住自己内心最后的一片平静。面对种种欲望的诱惑，保持心平气和，才能不受到来自外界的左右，更加免于成为性格脾气的奴隶。

只有保持心静，才能收获精彩的人生。

还记得曾经有人说过，当你被人推倒沼泽里，你要做的不应该是咒骂，也不是生气发怒，而应该是平心静气。只有这样，你才能不至于被泥沼淹没，方才能找到自救的方法。生活中，处处都可能存在这样那样的泥沼，危险到随时可能湮没一个人的心智与灵魂。欲望越大，泥沼就越深。平心静气地思考才是解救自己的最佳途径，生气却无济于事。

曾经有这样一头驴，它聪明勤奋，却在垂老的暮年被主人推下了水井。他们不愿意杀掉它，因为它曾经为他们的家庭出过力。但是，他们又没有办法养活它，因为他们现在连自己都养不活。当然，他们也不会把它卖掉，因为他们知道卖掉之后它的命运会有多么的悲惨。于是，他们决定让后院的枯井作为这头驴的葬身处所。

临走前，主人亲热地抚摸着这头驴身上的毛发，眼里满是泪水。它深知是一次离别，却不曾想过是永别。当主人狠下心将它推下去的一瞬间，心灵立马被愤怒与绝望所占据。它怒吼，它使劲地用蹄脚死命地踢四周的井壁，但是一切都无济于事。这口井很深很深，以至于通过井口只能看到微弱地如同星光一般的光线。它深知这是最后的挣扎，却又明白自己已然无力回天。它想起了曾经对这个家的奉献，它努力帮助这对夫妻搬运重物，日复一日地帮他们推动磨盘，年复一年地陪伴他们关上春秋与冬夏。它忠心耿耿地守着家门前，只因为害怕有小偷偷走夫妻俩仅有的财物。它努力地回忆起自己最美好的年华，可内心中的愤怒也随之不断增加。

眼看着主人不断丢下来的泥沙，这头驴心中除了愤怒别无其他。可是，愤怒又有什么用呢，死亡还是一步一步地在没过自己的脖颈。它忽然想到了自己曾经的时光，心中似乎变得宁静了很多，它抖了抖身上的沙土。它不断抖掉身上的沙土，忽然，它发现这些泥沙正在逐渐增高。它又看到了生的希望，它将泥沙堆积在一个地方，慢慢地踩着它们走出了枯井。看到主人充满泪水的双眼，还有欢笑的表情，这头驴终于对刚才的怨恨彻底释然了。后来，老驴陪伴着年老的夫妻度过了孤独的晚年。

生气并没有用，让自己心静下来，或许船到桥头自然直。

换个角度想问题，才是尊重别人

一件事有很多面，我们要学会换个角度思考问题，让事情简单一些，或许问题反而能迎刃而解。

在法华经里，记载了这样一位不寻常的菩萨。他即使见到狗都会磕头，并说：你也有佛性，将来也会成佛。虽然我们不必如此做，但我们应该学会平心静气地对待他人，尊重别人的生命与生活。换个角度思考，学会安静地尊重别人的尊严，让事情变得更好。当别人犯错的时候，我们要做的不应当是步步紧逼，自我调侃与理解反而更容易化解尴尬和仇恨。当面对别人的羞辱，如果不能立马反击，那么就尝试给自己的内心一个合理的理由，让内心的翻滚回复平静。

有这样的一个小故事。在一家公司里，有一天一位小职员趁上班时间溜出去买西瓜。在回来的路上，小职员正提着西瓜被经理撞见。气氛非常尴尬，小职员心想经理一定会非常生气地责备自己，七上八下地等待经理的刁难。他慌忙地指了指手上的西瓜，说道："西瓜，我手上提了两个经理。"经理顿了顿神，调侃道："我不叫西瓜，你也提不动两个我。"气氛瞬间轻松了很多，这个职员知道了自己的错误所在，又不致于让场面剑拔弩张。经理知道，既然西瓜已经买了，错误已经无法挽回。生气发火，只会让之后的相处变得紧张。何不如换种方式表达，既教育了属下，又缓解了气氛。

事情并不只有一面，通常如果我们能换个角度思考，让自己冷静下来，那么任何难题便将会迎刃而解。一花一世界，一树一菩提。生命的海洋里徜徉着无数相同生命的群体，没有人截然不同，也没有人完全相同。在对待千变万化的相用于不同时，让心如同水面的浮萍一般，动静随心，不烦躁不激进。每个人做事一定要心存敬畏，要铭记生气永远无法帮助自己解决任何问题，我们不可以随便迁怒于人。因为人生而平等，尊重与理解永远是这平等之下衍生的原则。就好像餐厅里，厨师永远不可能因为客人嫌弃自己的拿手好菜难吃，举刀相逼一样。每个人有每个人思考问题的角度，每个人有每个人思维的公式，我们要做的不过是尝试拥有一份同理心，换个角度让内心的波涛平静下来。我曾听说过这样的一个故事，它告诉我人一旦满心愤怒永远也看不清事情的真相，最终只会导致自己与很多美好擦肩而过：

　　很长时间以来，故事的主人翁李先生一直怨恨着一位曾经是他恩师的老者，在他心目中要不是这位所谓的恩师他也不至于走过很多弯路，受过很多磨难。

　　很多年前，正当李先生朝气蓬勃地离开故乡来到这座城市拜老者为师的时候，老者在这座城市里有着很高的声望，很广泛的人脉。一方面，他希望通过自己的聪明才智学会恩师所有的技能，让自己成为一个出色的建筑师。另一方面，他也希望在自己出师之后通过师傅的人脉，让自己少奋斗几年。

　　果不其然，他通过刻苦成了恩师最得意的门生，在恩师众多弟子中鹤立鸡群。短短三年的时间，他自认为学会了恩师很多的理论，也足够让自己出师自立门户。虽然恩师再三挽留，但他仍旧决心与恩师和同门的师兄弟们道别。临别前，他站在恩师的门前，再三踟蹰后终于向恩师开口请求恩师写一封言辞褒奖的推荐信到当时名声斐然的A公司。哪怕是从最基层的工人做起，自己相信一定能够从金字塔的底层爬上最高层。多年后，他俨然实现了当初的梦想，可当时的噩梦仍旧成了困扰他很多年的阻碍。恩师摇了摇头，婉言拒绝了他的请求。他再三请求，恩师依旧不同意写那样的一封推荐信。很长时间里，他坚持认为恩师是因为自己提前出师而故意刁难。一怒之下，他与恩师绝交十数年。

确实，他之后的日子过得很艰辛。他真的需要从一家迷你企业的最底层开始向上努力，这时他可真算得上是远离了恩师所教授的知识。他需要亲自动手和工人一起研究砖块如何构造才能让建筑物美观结实，房梁要如何构造才能变得既实用，又美观……有时候，他需要亲自到工地上帮助工人们一起赶工；有时候需要冒雨，在工人们休息的时候检查工地的状况，甚至于还需要拼尽全力和供应商谈价格。每当到自己最艰难地时刻，他就会想起当初恩师对自己的种种决绝。要不是因为恩师不肯写推荐信，自己如何能落到如此地步。在一家名不见经传的小公司里，做着最基础最初级的工作，享受着暗无天日的辛苦与疲惫。他坚信，这一切都是因为那个当初在课堂上描述着建筑史诗篇的老人。

可后来，他还是慢慢地从金字塔的底层爬了上来，甚至于超过那些拿着恩师推荐信在大公司享受生活的师兄弟们。虽然偶尔，他还是会埋怨生活的不公平，但多数时候看到别人摸不着头脑向自己虚心请教，心情又无比较傲。某个周末，他萌生了回道当初的原点，向那位不肯帮自己一把的老师炫耀的想法。他寻找了很久终于在城市的某个小区里找到了恩师的住处，低矮的院落种满了各种花草。他见到了恩师，却没有勇气责问当初他的决绝。反而恩师和蔼地问他："当初，你说要爬上金字塔顶尖，我知道你一定能行。可从我这里，你永远只能拾人牙慧，你的基石还未建稳。所以，我拜托老友顾先生雇用你，教会你课堂上学不到的知识。如今看到你成长如此，也不辜负当初我对你的期待。"

听完恩师的话，他才知道自己错怪了恩师的好意。十几年前，虽然顾先生的公司规模很小，却五脏俱全。顾先生不顾别人的反对，对自己委以重任，让自己能在短短几年的时间里迅速成长。想起来，确实像黄粱一梦。哽咽在喉的心结一瞬间被人打开，自此后他的事业和生活又上了一层楼。

换个角度平静地思考，现在的苦难不过是为了换取明天的彩虹。何必烦恼愤怒，这个世界并没有谁欠了谁。

宁静的心，换来快乐的生活

在南山上，有一座庙，庙里供奉着一尊佛像。传说这尊佛像非常灵验，只要诚心许愿一定会实现。

于是，有一个信徒带着虔诚的心前来求拜佛像。为了表达自己的诚意，他带着三牲祭礼，刻意在佛祖诞辰的前夕一步一步地爬上南山。他准备好一切，一定要在佛祖诞辰的日子里向他许下自己的心愿。

他爬了一座又一座的山，汗流浃背，疲惫不已。但为了向佛祖表现自己的诚心，他依旧不舍得放下背上的祭品，也从未放慢自己的脚步，在路旁稍作休息，历尽千辛万苦，终于来到了佛祖面前。

他恭敬地摆下祭品和供桌，双手合十跪倒在佛祖面前。他满眼虔诚地祷告道："佛祖啊，我进京赶考已有十年，却不能得偿所愿。大家都说您法力无边，请您看在我诚心祈求的份上，一定要让我今年的考试中金榜题名。"

祷告完毕后，这位虔诚的信徒准备收拾祭礼回家。可当他刚走到庙门前，却被一名乞丐拦住了回去的路。乞丐可怜兮兮地对他说："大方的施主啊，我已经足足饿了三天三夜，请求你可怜我，施舍一点祭品给我充饥吧。"

信徒看见乞丐一副邋遢模样，不禁掩鼻作出一副嫌弃的样子，挥手说："走，走，走。看你穿的破烂不堪，怎么配吃我的祭品，我的这些祭品要带回家给我的妻女吃的，哪里有你的份。"

乞丐还是不气馁，继续请求道："大方的施主啊，请求你就看在我已经饿了三天三夜就快要饿死的份上，施舍一点祭品给我充饥吧。"

信徒看到乞丐要来抢夺自己的祭品，连忙扛起来，头也不回地跑下山去。身后留下一个无力的乞丐，过着一条破旧的毛毯蹲在庙旁瑟瑟发抖。这时，不知道从哪里跑来一只满身脓疮的癞痢狗，一瘸一拐地走到乞丐旁边。随后用嘴叼起毛毯的一角盖住身上的脓疮，仅仅依偎在乞丐旁边取暖。

这时候，只见乞丐气急败坏地驱赶小狗，生气地抱怨："滚，看你这满身的脓疮，又脏又臭，会弄脏我的毛毯。我这里可以没有野狗住的地方，你快滚开。"

这时，小狗身上的脓疮破了，弄脏了乞丐的毛毯。乞丐又生气地踹了小狗一脚。小狗挨了一脚，眼泪汪汪地慢慢走开，当夜就冻死在庙门之外。

次日，乞丐虽然有毛毯裹身不至被冻死，却因为饥饿也死在了庙门边上。

半年后，那个虔诚的信徒进京赶考依旧名落孙山。这次，他又来到了南山上，气冲冲地向佛祖责问道："当初听人说您法力无边，根本就是骗人。如果说您真的灵验，我已经请求您这次务必让我高中，可为什么我还会名落孙山。"

佛祖拿出榜单，问道："凭什么我要帮你？"

信徒答道："我虔诚地扛着三牲祭礼上山祭拜您，为了赶在您诞辰前来到这座庙里，一刻也不敢停歇。仅凭着这份诚意，您就应该让我考中状元。"

这时，佛祖叫出了乞丐的灵魂。只见乞丐的灵魂哭诉道："我只不过请求你给我一点祭品，让我果腹你都不肯。你连一点施舍的心都没有，佛祖为什么要帮助你。"随后，又转头对佛祖哭诉道："可是，佛祖你也很残忍，为什么眼睁睁地看着死在你的庙门旁边。我只需要一点食物就能活下来，可为什么您却没有一点怜悯之心。"

这时，小狗的灵魂又出现了，它对乞丐大声吠叫："我只不过请求你借我一点毛毯遮住身体，我们还可以相互依偎取暖，对你而言有益无害。可是，你连这样的怜悯心都没有，信徒为什么要施舍给你，佛祖为什么又要怜悯于你？"

最后，佛祖笑道："其实，让你们金榜题名，丰衣足食对我而言并不困难。但是，你们连自己力所能及的事情都不愿意帮助别人，又如何赢得我的帮助。你们生气时相互责备彼此没有怜悯之心，你们是否思考过自己也曾经如此对待过他人呢？"

在生活中，很多人太过吝啬，总是对陌生人怒目而视，总是把所有的心思放在欲望之上，眼里总是斤斤计较眼前的得失利益，却很少能静下心来思考自己的不足。愤怒，生气，怨恨，让人变得更加短视。有舍才有得，如果仅仅希望能从别人身上获得利益，却不懂得取舍，最终剩下的只能是得不偿失。很多时候，我们需要的只不过是对别人友善一些，对自己善良一些。平心静气地自省，看到自己身上的不足，自然心里的雾霾也就解除了。我们往往对别人太过苛刻，总是希望别人永远把自己的利益放在第一位，却不去反思自己是否曾经考虑过别人的需要。人不能只看到自己，否则不过是自寻烦恼，惹来一身怨恨，却换不到半点好处。退一步，我们需要冷静地思考，换个角度去想问题或许更好。

当一个人正静坐在咖啡馆里一边喝咖啡，一边看书。忽然，一位年轻的服务生不小心打翻了桌上的咖啡，打湿了你的长裙。你愤怒异常，想要对着小女孩发火。这时候，试想一下当你发火时，周围一双双看着你的眼睛。对别人发了火，裙子也回不来了，之后却可能因此被咖啡馆闭门谢客。并且，这也显得很没有风度。再看看小女孩眼里的委屈，又有些不忍。与其这样，不如一笑置之，微笑着安慰年轻的女孩。冷静地想想，或许世界没那么多的麻烦事，多冷静下来大事化小，小事化了。何必以快乐开头，又要以生气结尾呢。

事实上，换一颗宁静的心，多一份宽恕才是生活应有的态度。

静下心来，让自己少犯错

古代，有一个国王得了一种怪病，头痛的病症一直影响了他十二年。虽然这十二年间，国王也做出了各种努力，不断寻医问药希望治好自己的怪病。他派人在各大城市贴下重金悬赏聘请名医为自己治病的告示，也不断招进各地的名医进宫为自己看病，可他头疼脑热的怪病仍旧得不到良好的治疗，也折磨了他十二年。

国王为此非常着急伤心，心想自己享尽世间荣华富贵，权倾天下，生活本应该充满幸福和欢乐。可是，却因为这种怪病，自己的生活质量受到了严重的影响。

不久后，国王高价聘请名医的传到了邻国，而这里刚好有一位精通医术的乡镇医生。他平时喜欢研习医术，对一些疑难杂症颇有研究。刚好在听说国王的病症之后，他立马想起自己曾经阅读过的《药王神篇》上看到过相似的病症，也许自己能治好国王的怪病。

可是，由于路程很远，医生担心出诊费过高，将可能会让自己得不偿失。一段时间后，医生思前想后，终于还是决定去邻国为国王看病。他一方面是因为国王许诺的巨额诊金，另一方面也是为了让自己功成名就，借这次的机会扬名立万。他心想，自己一个乡村医生，在乡里伟人看病，终其一生也不会让自己的名声远播。可一旦他侥幸治好了国王，天下人立马就知道自己的医术高明。

于是，医生为了攒下差旅费，东凑西借，还卖了妻子的几件陪嫁首饰才开始启程上路。他一路上风餐露宿，辗转换了很多种交通工具才到达邻国的京城。医生揭下皇榜，进了皇宫。国王看到来人气质一般，并没有太出彩的从业经历，因此并不是非常信任。在看到对方懂得中医后，也乐于让他治疗自己的怪病。

医生在望闻问切之后，按照《药王神篇》所作的描述写了几幅方子。数天后，国王的症状就减轻了，半月后，这个困扰了国王十二年的怪病彻底从国王身上消失了。国王非常高兴，并设宴款待医生。医生也为此得意了很久，可医生逐渐疑惑了起来。因为他发现，虽然平时国王对自己总是和颜悦色、称兄道弟，但却从不提起过当初许诺的大笔诊金。
乡镇医生心想，自己也算是读书人，如果谈钱并不太好。于是，他刻意找机会暗示国王诊金的事，可直到付钱的日期到了，国王还是装疯卖傻，岔开话题。

乡镇医生失眠了很久，每当夜里即将入睡的时候，他又会想起国王赖账的事，辗转反侧不能入睡。于是，就在乡镇医生彻底治好国王的病之后，乡镇医生终于来到国王面前向国王道别。虽然国王盛情挽留之后，但乡镇医生心意已决，国王只能送一匹瘦马给医生让他独自回家。乡镇医生看到瘦马瘦小难看，心想身上也没有什么贵重的财物也就安心骑着瘦马回家了。临别前，国王依依惜别，向医生表达了自己的感激之情。可是，医生左等右等也等不到国王的谢礼和诊金。

医生心凉，也无法直接向国王表达自己的想法。于是，他想出了怪招。医生拿出来一大包中药交给国王说："大王，虽然你病已痊愈，但为了防止病情复发，您要长期服用这种药滋补身体。这是中国特产的中药，名叫巴豆，以后您在饭后搭配着吃上几粒，坚持几个月后就应该差不多了。当然，这种药有一些副作用，但您务必坚持治疗。"

国王千恩万谢接过这包药，扶着医生上了马。乡镇医生心想自己千里迢迢赶过来，东拼西凑才凑齐路费，却不想血本无归，受骗上当。但想到国王之后会坚持服用那包巴豆几个月，要连续拉肚子几个月，肚子里的火气就少了很多。

因为路上迷路，医生一路上花掉了一年多的时间才回到家乡。可他刚一回到家门前，却发现之前的老宅变成了豪宅，环境显然阔绰了很多。当妻子把他迎进门后，他发现家里的豪华程度并不低。妻子说，不久前邻国的国王派来使臣送了很多礼物过来，使者带来的人还把家里装修了一番。国王说，因为担心这笔钱医生带着上路不安全，所以才派人送过来的。

这时，乡镇医生想起了自己在皇宫里到了后期对国王不认真的态度，还有自己送给国王兄弟的那一包巴豆，不由得后悔起来。可打破的瓷器永远无法还原，做出来的错事很难悔改。生活就是这样，一旦错过了时间就永不会回来。每一个错误所造成的后果都无法还原，就好像流淌过门前的流水，过去之后就永远不再回头。

故事里的医生虽然后悔不已，但因为错过了挽回的时机就永远不能再弥补自己的过错。邪恶永不会生长出善良的花朵，所有带有愤怒冲动色彩的过错从来不会给我们任何弥补的机会。我们是否曾经思考过自己过激的行为,是否曾经后悔过自己曾经的过错,是否曾经想过宽容别人的理由。一切仅仅来源于我们不够冷静,也正因为如此内心中的懊恼和恶念才会永远无法挥发出去。当邪恶滋生,良知便不再能找到自己的住处。

因此,每个人都要让自己随时保持冷静与善良宽厚的心境,心中存在一片静谧的心灵,就好像在内心黑暗的房间里点燃一支蜡烛,随时随地都能明朗自己的方向。安宁,从来不会指错路。

第九章
呼吸放松,治疗生气就是这么简单

生气的时候,人往往会变得连自己都不认识。这个时候千万别迁怒于人,深呼吸,让自己的身体放松。在内心告诫自己,再深呼吸几次,一切都会过去。这样做,当深呼吸成为一种习惯的时候,你就不会再生气了。

放松呼吸,让不良情绪发泄出来

呼吸是我们与生命之间的脐带,决定了我们在这个世界上的生命质量。当我们从孕育到出生来到世间,呼吸一直都是我们所需要的,婴儿可能不懂得怎样去表达自己的情绪,但是看着婴儿在成熟中安静平稳的呼吸节奏,仿佛感觉自己是安处在平和的世界里,身边的一切都是那样的美好。

伴随着不断的成长,很快地我们会接触到形形色色的人,各种各样的事物。学习、体验到社会所灌输的各种信念、理想、与行为,这些社会所灌输的教条创造出恐惧与紧张,无形中也就集聚成了生活的压力。人一旦激动的时候,呼吸也会跟着急促起来,伴随着会失去了理智,大脑或许也会出现不受控制,思考受阻的情况,从而就会出现一些过激的行为,就像平日里我们看到人因为生气而产生的愤怒,抑或是做出的伤害自我、伤害他人的一些行为。曾经观察过禅修者或者说是智者,他们呼吸是有节律的,并且是平和的,不知是否从这个小小的方面就将他们自身的智慧有所体现，不易焦躁愤怒，凡事都在平稳和谐的环境下进行处理。

每当感到内心压抑的时候，我们可以来到运动场上大肆奔跑一番，通过剧烈运动，我们会需要大口的呼吸，经常我自己在工作或者其他方面的压力过大的时候就会选择这样的方式，在运动到自己接近极限的时候，慢慢停下来，在这段时间内似乎大脑会特别的清醒，非常容易陷入沉思，给自己一点时间和空间，随和急促的呼吸转为平缓，内心中积压的负面情绪会逐渐得以舒缓，内心似乎感受到了平静。但在我们这个久坐、少运动、少呼吸的社会里，需要给自己一段美丽的释放，不要被忽视终日所受到的重重压制，如果不通过合理的方式来排解，要么会养成易怒易燥的不良情绪，更胜者有可能还会由内而外的累计成为身心上的疾病。

单单从表面看来，是外界客观的人事物引发了我们的各种各样的情绪。但如果往更深一层去想，是外界的人事物触动了我们过去的记忆按钮，点开了心中拿到防线。过去的一些伤口、经历不断挤压着，没有经过处理，很容易就被引动，就出现了情绪的各种各样反应。这就是为什么在社会上经历久了就会觉得人与人之间的人际关系会显得那样的复杂，人和人之间也会由爱生恨、情关难过……但我们总是要求别人要对我们自己负责，却没有想到过自己是不是也需要负上一些责任甚至是所有的责任。

从小到大，我们经历了很多次的情绪，当还是婴儿的时候，不会言语，只能用哭叫来表达。会被要求不许大哭不许大叫，就连呼吸也会保持的轻浅。不同的情绪体验发生时，人会有不同的呼吸韵律。尤其是在紧张、害怕的时候，常常忘了呼吸或者是漏了几次呼吸。但其实，这个时候，人更多的需要放松，更多的需要深呼吸。深呼吸才能把因为负面情绪产生的毒素、怨气释放出来。想想看，当愤怒和悲伤的情绪上来时，血液上涌，大脑发热，那么多的能量需要释放，急需要一个出口来释放，如果不能释放，就会被大量的挤压，并且在不能释放的情况下，你要用更大的力气，才能把它压回去。

如果长期压抑情绪，伴随着呼吸的不顺畅，人的身体也会给予相对应的回应，人的身体是最好的指引导向，身体会告诉你现在你的状态怎样，你需要怎样调节。因为无法面对自己的情绪，当然也就无法面对自己，思想也就会出现凝固，人会越来越流于负面和悲观，认为自己是不幸的，进而会为自己带来一连串的不幸与不快乐。生命或许从此就发生了变化，人难免的就一直会沉浸在过去的痛苦和记忆里。

负面情绪其实会像一座高高的大黑山一样，让人喘不过气，会让人感到恐惧，害怕。但一旦你懂得如何自我调节，就像找到了一条路径一样，进去了，才发现那不过是黑色的云，或许伴随的还有闪电、有暴雨，但它们无法伤害不到你。这些情绪不过是流水一般，流过之后，让你更加会觉得清爽舒畅。

活在当下，用你最大的勇气去面对所有的负面情绪，不管是伤心、害怕、失望，还是生气，你可以勇敢地去表达自己的各种感觉，说出心里真正想说的话，而不是先想到别人，生怕一说出来就会害怕"伤害"别人，所以反倒宁愿伤害自己。每个人不要渴望所有人都会喜欢你，更不要盼望你做的事情能让所有人满意。人无完人，让自己深呼吸，放松一些，为自己舒缓一些紧张情绪，缓解压力。

此刻的你内心是否挤压着多种情绪呢？如果是，那么你可以尝试做一些深呼吸，让情绪释放出来。不管是想哭、想叫、想笑，都让它表发宣泄出来。跟随你内心最真实的感觉，不要质疑你的感觉。愿意真正看到自己，对自己诚实，是疗伤治愈最需要迈出的重要第一步。

呼吸是身体与情绪最好的医生。它可以成为你自我缓解压力的最简单方式之一，释放由思想及情绪产生的压力与毒素。给呼吸自由，让呼吸带你回去，重新经历那种情绪发生时的身体感受，并让你用更成熟的角度去看待去面对，最后用微笑来面对曾经认为过不去的一切。

将长期累积在记忆中的不同负面情绪引导并释放出来。这些积压已久的情绪，只有慢慢打开心灵，才能让你的情绪逐步释放出来，心打开了，思想也打开了，慢慢就能以正面与爱的角度去思考，然后才去有智慧、有爱心的应变措施。而思想开展，生命也就自然打开了，然后，去活出一种不同的生活，就变得自然简单而美好。

长呼一口气，让愤怒瞬间消失

血气方刚，年轻气盛往往都是用在青年身上。在不断地经历当中，不断地磨练自己的气度。时常看到一些社会报道一些恶性的打斗行为，其实最后抽丝剥茧找其根源也不过就是因为一两句话说的不对劲儿，怒气上涌导致一发不可收拾。

服务行业信奉的一句话就是"顾客就是上帝"，在这个行业中，可能作为销售后端的客服更可谓是"受气包"。身边一个朋友做客服一做就是7年时间，刚接触客服工作的时候只是接听热线，逐渐做了电话营销，到了后期的理赔服务。曾经和她聊过，一直做这样一个充满抱怨的岗位是怎么能坚持下去的，朋友只是淡淡地说。一次又一次的磨练，慢慢的好像能够承受住更多，也不会那么容易生气了，反而还能够体谅对方的一些内心想法。

她告诉我，刚开始接触理赔服务的时候，经常就被电话那头的客户骂的眼泪直掉，恶语相向的，人身威胁的，大吵大闹的什么都有。刚开始，自己也吃不消，接完电话要不就是自己默默流泪，后来是被气的够呛的时候，激动地把鼠标一扔，跑到洗手间，把水龙头开到最大声，大叫发泄一会。再后来逐渐的变为很冷静的在从容的听完对方各种刺耳的话语之后还能微笑着说，感谢您的意见与建议，我们将记录下来并进行改善。挂上电话后轻轻长呼一口气，接着去看下一单客户如何处理，分析客户需求，考察客户背景，制作处理方案。好像一切流程看起来都是那么轻松简单。她说过一个客户的例子，和这个客户打了不下 5 次电话，每次几乎都在一个小时左右，刚开始的两次客户每次都是情绪非常激动，大吵大闹，一个人从头骂到尾，颇有不愿意结束之意，后来改变了方式，先是哭，再是讽刺，她都很惊讶这个客户其实很具有演说的本事，她逐渐觉得这是个有意思的客户，在后续的不断交流中，客户各种各样的招数都使过了，朋友似乎也抓准了客户的一些意图，最终的一次电话处理中，几乎是朋友在主导整个谈话过程，并且在谈话结束时，也将这单事情处理好了。

朋友说，客户的这些愤怒都是可以和被接受的。谁愿意花了钱还得到一个有问题的产品，并且还耽误了很多时间和浪费了很多精力，我们需要给予别人空间去发现，如果我们把这些愤怒积压在自己身上，那不是跟自己过不去吗？并且随着年龄的增长，经历的增多，年轻那股易怒劲儿已经逐渐平息下来，不再是以前的那个愣头青，傻呵呵的一生气就动怒，瞬间就像被点燃的鞭炮一样，不爆发就忍着难受。

可能朋友也是因为自己所干的是服务行业，在自己是客户的角色的时候，也会有不一样的处理视角，记得有一次陪她一起去退换家电的时候，因为已经找维修人员上门三次了，还是没有彻底解决，所以只能去售后协商处理。当工作人员看到处理记录的时候，都皱起了眉头，似乎认为我们是来故意找麻烦的。朋友也不气不恼，只是说明了存在的问题情况，说明了来意，并提了几个自己的处理建议方案，末了还问了一句，如果你们有更好的处理意见，你们也可以说出来，我们来协商处理。或许是朋友的态度，让工作人员意识到我们不同于一般的客户，我们并不是大吵大闹，只是安静的希望得到处理结果。于是研究起来商品，并且去请示看如何处理。我们就在一旁耐心地等，工作人员走开了一会，朋友跟我聊，其实大吵大闹的客户并不可怕，因为如果客户吵闹表示他心中需要发泄他的愤怒，在他发泄完之后，就可以处理事情了。相反，像我们这种不吵不闹的人，反而不好怠慢，吵闹的人大不了不理就好了，我们这样安静耐心的更不容以拿捏，因为我们表明了态度和处理方案，对于对方来说其实并不知道我们下一步会怎么做，以恼相待不如以礼相待。其实就是咱们俗话说的"有话好好说"。看清楚事情的本质，控制住内心的那种愤怒，平静不动气的情况下来面对与处理。

听到朋友的这些话，其实也让自己收益颇多，人常常容易被情绪所困扰，当面对烦忧的时候，往往内心就抑制不住的滋生怒火，并且在恼怒中淹没了理智。只记得事情多么的恼人，却忘了要怎样去冷静理智地看待事物本质，忘记了我们需要的并不是恼怒，忘记了我们只是要去解决烦忧。最终因为恼怒只是耽误了时间，还给自己带来了糟糕的情绪。人生中，时时刻刻都是面对各种各样让人烦忧的事情，恼羞成怒并不是一种明智的行为。反而要从这些恼人的事件中不断积累，不断沉淀，平心静气的去面对才能获得最好的结果。

温和成长，保持不动怒的心态

头脑发热，怒气上涌，不管对于人的生理和心理上都是一种不健康的表现，那么如果在人失去理智，非正常情况下所做的任何事情都是情绪化的，或许有可能因为当时一瞬间的情绪化而造成一个无法改变甚至是无法弥补的结果出现。让自己一直保持一颗平和不易动气的心态，才能让人在生活中能够轻松自在。

在工作中，谁都会因为工作的合拍默契交到一些密切的朋友，馨馨和武君因为之前一块工作了接近两年的关系，虽然现在已经工作调动了，但是两人一直保持着间或的聊天频率，武君因年纪稍长，以姐自居，两人聊到武君的儿子长大了，上小学了，已经进入了调皮捣蛋的年龄了，开始遇见成长教育的烦恼，孩子经常做出一些让她生气的事情，她虽然生气，但是也得忍着脾气耐心地来进行教育。这个儿子是她和前夫的孩子，两个人也是因为长期闹矛盾置气，所以最后选择了和平分手，又聊到她现在的身边人，问到喜事什么时候能办，她说道现在不急呢，两个人之间经常也会出现一些小摩擦，闹闹小脾气也是经常会出现的，还需要磨合。她觉得自己现在比以前似乎懂事了很多，人或许就是需要经历一些事情才能明白很多，醒悟很多，曾经看起来十分生气恼火的事情，现如今能够很平静的对待，甚至还能付之一笑。人与人之间那些不屑与沟通的事情，现在都会平心静气的耐下心来解释和表述。

想想以前经常与孩子的父亲动不动就是生气吵闹，现在想通了一切，可是现在想明白这些似乎都发生的有点晚，因为已经到了现在的地步，在两人离婚之后。和现在的对象，两人处于异地，因为前段时间他从原公司辞职，近一年来，也在外面打拼磨砺，据说曾经脾气也是相当的暴躁，现在因为这些磨练，他已经不再那般锐气，只是每当武君感觉到心情不好的时候，想得到宽慰与呵护时，他总表示出不知道如何处理一样，或者绕过这个话题去说别的。女人的心思其实和男人是有所差别的，武君说自己心情不好的时候，得不到他适当的安慰，听到他还说东说西的时候，反而有点被火上浇油的感觉，气更是不打一处来，但是她平静下来之后，慢慢也在思考，他应该也只是不知道怎么去表达，也不知道要怎么去处理这样的情况，只好去用扯开话题来让姐能够缓解心中的怒气。

  不管我们面对任何事情，似乎都不应该让自己被情绪所控制，一旦人在气头上，往往做出的一些判断和下的一些决定可能都是存在不理性的情况。可以回想下，是不是当我们回复平静了之后，想着在气头上所做出的情况，其实多少都会让人有些悔意。但是任何如果、也许、可能、假设这样的假命题存在，是不是我们都会给自己一些借口说，就是因为我当时一气之下，所以我无法做到我预期的效果。对于那些我们暂时无法完成或者达到的目标，我们也不必气恼，或许我们能做的是虽然是我们现在做不到，但是我把我能做到的先做到，并且继续去努力向我们所定的目标作者。一旦当你气昏了头，那么很有可能你就会少给自己一些后路的机会，又或许我们会失去很多机会，最终会成为一个恶性循环。不但是自己易怒易气，并且还会影响到身边的人，影响到自己的决断，更深远的可以说会影响到一个人的长远发展以及人生。

  如临窗而立，或许能感受到深夜里的几丝寒意。晚上，适宜的温度，平缓的心情，也能让人安睡到天明。徐徐的清风送来，伴随这些许柔和一丝清凉，是否能将你内心的怒气逐渐的驱逐，享受一段时光，我们应当努力去享受，笑看一段过往，温和的去走向未来。从愤慨的激怒到现在的豁然开朗，点点滴滴聚于"好心情"，终究，人都需要在不断经历中成长的。

稳住心绪，人生会豁然开朗

  人为什么会出现自我不满意？会感到愤怒？会感到焦虑？我想大抵是

因为对自己不够满意。人在大多时候表现出来的是自信，在自信时，觉得自己所向披靡，无人能敌。但不时也会觉得自己狭隘，懂的太少，看见别人熠熠生辉的才华，会各种羡慕，也会各种失落，甚至会气自己为什么没有那么好。但是其实，也有可能给自己压力太大，稳不住自己的情绪才能心平气和。

人一旦出现情绪不稳定的死后，就会让自己的日子过得有点起伏。清晨，虽然会在美好里醒来；但夜晚，却容易在焦灼中睡去，即便是睡去，睡眠质量也并不高。身边的人都说我看起来很快乐，永远乐呵呵的模样；他们说我总是很幸运，总是能够峰回路转遇见贵人。他们说的好像真的，可是其实我有很多焦虑。我焦虑的事情还真不算事情，可是它们就是萦回在我心间，但其实我也有很多时候控制不住自己的情绪，有时候多么想着自己要是个吃货多好，这样在能在不开心的时候有一个安抚舒缓自己的方式。

在夜深人静时，内心中就会出现两只声音，不满现在这种焦虑情况下的自己与想着需要控制，平和心态的自己，矛盾的两者不停斗争，当然谁也难以胜过谁，说到底，还是自己我控制不够。

外界，会有各种各样的声音发出干扰。其实环境对于一个人来说有很大的影响。在这样的环境中，我们既要保持最真实的自我，不违背自己内心的意愿，也要权衡内心与外界之间的分量，我将这归咎于自己控制力不够，如果控制的足够好，那么这一切恐惧不安都将不复存在。

其实生活中的这些煎熬，都是为了磨练我们成为更优秀的人。

我们时不时会遇见需要控制的时候。控制的过程并不是坐以待毙，其实我认为是一种磨练心性，也是一种蓄势待发，在不动声色下默默努力，等待着准备充分时刻所爆发的那一鸣惊人。有时候我们会觉得控制不住了，无法坚持了。可时过境迁后再来回头看看，过去经历的一切似乎也没有那么难。

　　还记得过年走亲戚的时候，所乘坐的出租车司机目测是刚20出头的年轻小伙，一路上听到他接了电话，他很平静地对电话那头说："我在回家路上了，你们先吃饭，现在有点堵车，别等我了。"司机挂完电话后，我就笑着问："哥们儿，是打算多跑几趟多挣点钱吧。"那司机毫不犹豫的说是。一路上，我们一直聊着，从他口中我得知他父亲因为生病丧失了劳动力，家中还有年迈的爷爷，母亲也仅仅靠帮别人做钟点工来赚取微薄的生活费。他有时候也气自己没本事，但后来想想他还年轻，只要努力，不怕吃苦，相信自己的日子能好起来，不是说风雨过后总会有彩虹嘛。我对他说，不用气恼自己，只要你按照你刚刚所说的去做，一切都会好起来的。他说他也相信面对困难熬过来后就能看见彩虹。又和我说等赚够钱后就回到乡下老家去修一栋房子，结婚生子，父母爷爷也能安心养老。

　　我们辛苦的奋斗，经历的这些困难，求的不过是一份安稳。这个过程其实是有些难过的，我们会经历种种，也许并不那么顺畅，也许最后并没有得到成功，也许我们会受到很多委屈，但这教会了我们坚韧、信念、毅力，让我们学会控制收拾好自己的情绪，我们能为之更加的努力。

　　我想说的是，在这个世界上，不是你一个人会经历过那些难过的岁月，几乎每一个人的成功都会是这样的一个过程。控制好自己的情绪，深呼吸获取一些力量，就像等待慢慢泡茶的过程，慢慢酿酒的过程。不要那么急切，不要那样愤怒，控制其实也像是一种修行的方式。修内心的宁静，修处世的淡定。有磨练，才体现出成功的弥足珍贵。也许，你的每一次努力不会取得成功，但你不努力，你连成功的机会都没有。只要你能度过那些难过的时光，成功定当就在眼前。

　　不要因为看不见未来就轻易放弃，也不要因为焦躁愤怒而不去面对。努力，为的就是不想做别人眼中平庸、一无是处的人。经历了一些是是非非后，静下心来想想，这个世界其实还是公平的。你想要成为人上人，那么就要付出成为人上人的努力，并接受嘲讽、冷漠、疼痛。当你抱怨不公平的时候，是否扪心自问，自己付出过多少？不断学会思考，学会生长，最后，会得到丰收的果实。

在这个时代里，我们拼的不是速度，而是比谁能在最艰难的环境下控制好自己。竞争这么激烈，谁都想成功。老一辈们常说，遇到不公平的时候忍一忍。因为这是所有人都需要经历的，在努力的过程中，不要轻易失控，这无疑只会暴露出你的软弱与自卑。每个人都会历经大大小小的磨难，你必须坚强的经受这些考验并且还要活得漂亮。这个社会虽然也有不完美，但你也要学会宽容的接受这个社会的种种顽疾。何况年少的我们一定要为自己感到骄傲。

最难熬最糟糕的时候，你要更加控制好自己的情绪，明白努力奋斗的意义，你学会思考才能让你知道这条路走不通的时候如何变通，才能让你明白这条路你要如何继续走下去。所以，你要让自己变得优秀，变得强大。

没有谁的成功不是一点一滴走过来的。不用忙着羡慕，成功取决于你对待它的方式。既然你都选择了上路，又何必在乎是晴天还是雨天。不要慌张，不要彷徨，那些生命中糟糕的事，总是会好的。因为，挫折在某些情况下也能变为转折。有时看似无路可走时不如退后再出发，这样，你又比别人多了次机会，比别人多一份人生体验。

很多时候，我们在负能量情绪中萎靡不振，是因为我们觉得煎熬的时光太漫长，害怕到了明天依然如今天这般糟糕，情绪不自觉中就出现了失控。可是你想想，只是担忧糟糕只会让明天更好吗？与其担忧，不如收拾整理好自己的情绪，找到努力奋斗的意义。在最彷徨糟糕的日子里，不必惊慌失措，该来的美好总会到来。

人生总要经历很多糟糕、艰辛和酸楚，经历过这些就会成为一笔宝贵的财富。那些痛苦，都会成为我们成长中的养料，滋养我们，让我们长成春风吹又生坚韧的小草。做自己情绪的主人，控制好内心的各类情绪，为了更好地破茧成蝶，并且在这过程中不断成长，期待成功的到来。

放松、看淡，开心享受生活

如果人们问我们是为了什么而活着。我想应该有很多种答案，每个人所追求的都不一样，有的人为了追名逐利，有的人为了过上幸福的日子，而有的人是为了追求完美的爱情⋯但是肯定是没有一个人会说，我活着是为了生气的。是啊，谁会无缘无故地就生气，谁会有事没事去让自己过得不开心呢？这样浅显的道理相信没有谁不懂，可是确实有很多人就很容易动怒，很容易就让自己变得不开心。其实，生活中这么多的事情，不顺心的事情也经常充斥着我们的生活。我们应该常常问自己，这些事情是不是有必要值得我们生气，同样我们也应该常常问问自己，我们活着是为了什么，是为了追求什么。

我们每天都要遭遇形形色色的各种人，也一定会有很多烦恼的事情。不论是在工作还是学习还是生活中。而且，一旦我们因为烦恼的事情影响到了自己的心情，就很容易把我们不好的情绪对着我们最亲密的父母或者爱人发泄。因为这个时候，我们想到的往往是自己受到了委屈与不公正的待遇，而一点都没有想到过对方的感受。因此可能在自己不知情的情况下，让其他人受到了伤害。人们常说，宁可和讲理的人吵架，也不和好生气的人讲话。生气，不但连累了许多无辜的人受到伤害，而且自己也没有从气愤的情绪中得到解脱，还可能让自己的情绪更加变坏。我觉得世界上最不可接受的就是随意地去生气，生朋友的气，生家长的气，生伴侣的气。因为我觉得生气，是拿别人做的错事、犯的错误来惩罚自己。对自己百害而无一利，还是一把最容易伤害到别人的刀子。佛教把贪、嗔、痴名为三毒，三毒于人乃致命的三害。此中，嗔，就是指动不动生气、愤怒。生气乃至愤怒，是很有害身心健康与灵性修炼的，也无益于工作、学习与生活。一念嗔心起，百万障门开。所谓"火烧功德林"，此火指的就是嗔火。

其实我们认真想一想，人活在这世上一辈子，除了要经历"生、老、病、死"外，还要不停追求什么呢？钱财，名望，事业，爱情，社会地位……这些东西在很大一个程度上是为了证明我们在世界上活着的价值，是向世人证明自己并非一个泛泛之辈。但是正是因为这些会不断刺激我们的欲望，让我们站在悬崖边上，随时面临可能会掉入无敌的深渊的危险。不管你是否能够得到你一味去追求的东西，都会因为心中无限制的贪念而生出无尽的烦恼，让我们原本平静的内心掀起波澜。我们不要把得失看得太重，因为这一切都是缘分注定了。要学会对别人宽容，学会去微笑面对任何人和事。不要轻易地去生气，要知道这个世界上是没有任何完美的事情，如果只是不断地去批评，去苛求，去责怪，不但无法得到最后的几句，还只会给自己找来很大的痛苦与麻烦。

讲到这里，我想起了一个故事。有一位老教授非常喜爱兰花，读书之余，他最大的爱好就是养兰花，把兰花当作自己的孩子一样去用心照顾。一次，老教授要出门一段时间，临行前交代保姆，要悉心照料那些兰花。在老教授不在的那段时间，保姆把兰花照顾得很好，但有一天浇水时却不小心将兰花架碰倒了，所有的兰花盆都摔碎了，兰花散了一地。保姆因此终日惶恐不安，不知道如何处理是好，打算等老教授回来后，向他赔罪领罚。老教授回来后，知道了事情的缘由，不但没有责怪，反而说道："我种兰花，是希望用来养心的，同时也是为了美化家里环境，我并不是为了生气而种兰花的，所以你不用太放在心上。"老教授之所以看得开，是因为他虽然喜欢兰花，但心中却无兰花这个挂碍。因此，兰花的得失，并不影响他心中的喜怒。其实，在日常生活中，我们心里在意的东西太多了，我们时常去注意自己的得失，所以我们就会因为这些得失与心里记挂的东西而影响到自己的情绪，让自己情绪起伏不断。如果我们在自己要生气的时候如果能多想想："我不是为了生气而工作的。""我不是为了生气而交朋友的。""我不是为了生气而作夫妻的。""我不是为了生气而生儿育女的。"那我们就会为好心情留下一片沃土，而让烦恼无法侵蚀我们。我们可以为很多的事情来到这个世界上，单单不能为了生气而活下去。

我们总是能为许许多多的事情而生气，正所谓人生不如意，十有八九。我们周围总是能出现很多让人气愤的事情。"真的是气死我了"已经成为了许多人的口头禅，可是我们都没有想过生气除了自己给自己添堵以外，对任何人都没有什么直接的影响。我们应该去学会微笑，因为微笑能改变我们的心态，改变一个人的情绪，同样也就改变了我们自己为人处世的方式。"忍一时风平浪静退一步海阔天空"。一直以来这句话都被众人所熟知。这句话说起来只是简简单单几个字，可是需要的是极大的勇气和无比广阔的心胸。要能够包容，能够原谅，能够接受。拥有了这些，自然就会得到大家的喜爱和拥护。

当我们遭遇到不公平的待遇或遇到不顺心的事情时，不能只是一味地生气，而是要平和地去面对，微笑着面对，这样既体现良好的心理素质，又能冷静地处理所遇见的问题，既然生气解决不了那就微笑吧。悲伤时微笑，心就不会那么寒冷酸涩了，毕竟没有一直不可逾越的障碍，相信风雨后的彩虹，相信还有希望，相信人生还有奇迹，我们就会坚持，我们更要为此努力。至于生活中的小事就更不值得我们去生气了，人的一生要完成的事有那么多，哪还有时间去生气呢，向你的对手或敌人展示微笑，这世界最难的事与最幸福事就是原谅，一笑抿恩仇，这世间路本来就不好走，多个朋友就少了一些寂寞孤单，"把自己的敌人变成了自己的朋友，同样这也是在消灭敌人啊"我记得一位美国总统这样说过。

　　也有一句话是这样说的："世间最可厌恶的事莫如一张生气的脸；世间最卑劣的事莫如把生气的脸摆给旁人看。"其实我并不知道说出这句话的人是经历过了什么才会发出如此感慨，可是我们能从他的字里行间发现其中并没有存在抱怨与仇恨，而是用一种比喻的手法，用一种诙谐的手段，把自己的不满发泄了出来。而这，就是值得我们去学习的地方。人生不过几十年的时光，与其郁郁寡欢地度过一生，倒不如凡事想得开一点，看得淡一点。当你遇到非生气不可的事时，时时告诫和提醒自己如果生气了，也许不仅无法处理事情，相反还只会让事情变得更坏。去包容，去原谅，让不快的气氛消失在这样大度的情绪里。如果我们能够坦然的接受生命里无法逃脱的坎坷而不去怨天尤人，那么我们就能活出自己的一个花花世界。

第十章
记录愤怒，锻造不生气体质

　　记录下自己愤怒的原因和次数，这看起来非常滑稽和无聊的行为，却能帮助我们正视自己的不足，让我们学会控制自己的情绪。当能自如控制自我情绪的时候，你已经拥有了一个对生气免疫的体质。

不因别人的态度而改变自己

用怎样的态度对待他人，可以看出来一个人自身的素质高低，当别人用卑劣的态度对待我们，我们毋须动怒生气，保持一贯的态度才能体现自身的素质修养。

曾经听说过这样一个故事：一位很有名望的教授朋友带着上中学的女儿去街上买水果。挑选水果时，教授平日里一贯保持穿着简单朴素，看起来并不像是一个有钱的人，小贩瞄了教授两眼，就很不耐烦说："你到底买不买？"教授很礼貌地回答："买！"教授将挑好的水果递给小贩，小贩又上下打量了一下教授，努努嘴说道："这种水果很贵的，你买得起吗？"教授一脸微笑、语气谦恭地说："买得起，你算算多少钱吧。"回家的路上，15岁的女儿问父亲："爸爸，您是大学里人人敬仰的名教授，人人对您都是尊敬的，可是今天那个小贩对您吆来喝去，您不生气吗？"教授答道："孩子，爸爸不生气。待人有理、礼貌、谦虚是我为人处世的水准，我从来不会因为别人怎样对我而降低自己的水准。所以孩子你也要记得，不管别人怎样对待我们，我们要保持自己一贯对待人的良好态度。"

其实在我们日常生活中，这样的事情比比皆是。可很多人都会因为这样一些可以一笑而过的玩笑而蹬鼻子上脸，争得面红耳赤，更有甚者会大打出手造成极坏的不良影响。谁不想每天的生活开开心心呢，没有争吵，没有让自己不开心的事情。可这样的生活是存在于一种理想状态中的，在现实生活中似乎是不可能的，每个人都拥有自己的性格与脾气，别人的脾气性格我们没办法去控制，那么我们需要学会的是如何去控制自己的脾气。没有办法控制自己脾气的人，是无法真正成长的。

有一个朋友曾经对我说过，对于一些无关紧要的人的发言或者行为，只会当做是路边汽车的呼啸。并且也不要因为他们的言行而影响到自己的好心情。我想想也是，每天，我们都有许多的事情要做，学习，工作，家庭……每件事情认真做下来，都会耗费我们许许多多的精力，甚至还会经常出现精力不够用的情况。而我们如果每天还因为一些鸡毛蒜皮的小事而计较，和一些不相干的人发生那些没必要的口角，似乎也太浪费自己的时间和精力。更会让自己平白无故的添堵，影响自己来之不易的好心情。每天，都有许许多多的美好的事物等待着我们，美食，美景，美丽的种种……仔细地去欣赏任何一件事情，都会让我们无暇他顾，而我们如果还因为别人一些陈词滥调。和一些跳梁小丑去争锋相对，似乎也太过于降低自身的素质与身份了。

玩笑是玩笑，对于许多玩笑，我们没有必要去认真对待。自己的生活态度，自己心里应该会有一把标尺，没有必要去为了别人而改变自己对于生活的态度，而改变自己对生活的这一把标尺。因为每天我们都会听到或多或少关于自己的话题，如果是好的，不卑不亢如果是坏的。或虚心接受，或一笑而过。因为我们应该留下更多的精力去享受和家人团聚的美好，和朋友聚会的喜悦以及和恋人依偎的甜蜜。不应该花上大把的时间去让自己美好的一天变得残缺不堪。不要因为别人的态度而改变自己。

就像刚刚我们故事里的教授，如果他计较在乎，那么他大可以去和小贩争论，说自己是赫赫有名的教授，怎么会没钱去买水果等等。可是我们可以考虑一下，就算是经过了一番训斥让小贩对自己尊重起来又会存在什么意义呢？反而是存在让自己降低了水准这个问题，更严重的是，会影响到自己的心情。并且这样也许还会给同行的女儿树立一个不好的榜样，谁知道，他买水果回家是不是为了和美丽的妻子以及可爱的女儿共享天伦？谁知道，会不会就是因为这一顿完全可以避免的争吵，而让自己情绪波动起伏太大，从而造成更加严重的后果的？要知道，能成功的人，都是能很好地控制住自己的脾气，能够含泪微笑的，能够大度的看开一切的。

所以我们不能因为别人的态度而改变自己，成功要能忍得，忍住别人的冷言冷语不动怒，欢乐也是要忍的，忍住别人的冷嘲热讽不变脸。脾气，可以成为泯灭一个人理想之火的冰水，也可以成为鞭策一个人发愤成功的动力。我们只有能够百分之百驾驭住了自己的脾气，才能在这纷纷扰扰的世界里如鱼得水。

微笑面对，简单生活

曾经听说过这样一个故事，二战时期有两个游击队员由于偶遇激战导致了两人与部队失去了联系，两人身上的补给不足，生命危在旦夕。两个人互相扶持，互相安慰艰难跋涉着。由于战争原因，动物四处逃散，导致他们在捕猎了一只鹿之后，再也看不见任何其他动物出现了。两个人仅仅靠着这唯一的一只鹿肉熬过了很多天。有一次，他们偶遇敌人，巧妙地避开后正当他们以为已经安全躲过的时候,一声枪响,身上背着鹿肉的士兵中枪了,中枪部位是在肩膀上。另一个战友害怕极了,马上跑过去,脱下自己的衣衫,为他包扎伤口,看着战友受伤流血,他自己泪流不止。两人互相搀扶着,艰难的熬过了一个夜晚,仅剩的鹿肉谁也没有去吃,谁也不知道他们在那个恐怖的夜晚是如何熬过来的。好在第二天,友军发现了他们,两人幸运的得救。三十年过后,中枪的老兵回忆起那天,他说出来的话让在场所有人都惊讶无比:"其实,我知道当时我中的那一枪,是他开的。因为他过来替我包扎伤口的时候,我摸到了他的枪管是热的。但是我选择原谅了他,他之所以这样做,我知道是因为他想单独一人吃下那些鹿肉,他要独自一人活下去的原因是为了他的妈妈,他是家里唯一的孩子,他的母亲日日夜夜盼着他能够早日回家。可是谁都知道,战争是残酷无比的,还没等到他回家,他的妈妈就去世了……"

当我听完这个故事之后,目瞪口呆,我相信你们听完之后应该也是和我一样。无法想象,背着鹿肉的士兵,是以怎样一种胸襟去包容了他的战友,在自己生命受到了威胁的时候,他的心中并不是怨恨恼怒,他想到的居然是那个残害他的凶手是为了能够见到年迈的母亲才做出那样的行为,他相信他是逼不得已去做的。我想以德报怨的最高境界,可能就是这样吧。换做是我们,谁能够做到即使在事后,当事人当面下跪道歉,诚心忏悔,能够做到原谅曾经危及过自己生命的人,也应该是屈指可数吧。

故事虽然引人深思,可是毕竟那是战争年代。现在的我们生活在一个和平时期,轻易难以发生故事里那种让人背后发凉的事情。可是在当今社会中,每个人的个性都有了肆意张扬的环境,难免会出现不经意的膨胀,从而造成无心之失的过错。或者一些不经意之间脱口而出的言语,都会对我们造成直接或者间接地伤害。而我们更多的时候并不是首先想到选择去原谅,而是顺着一怒之下而掀起的气焰针锋相对地与别人争论,大动干戈。而往往到了最后，自己也得不到任何的好处，反而影响了自己心情，让烦恼徒增不减。

其实，人生只有经历了风和雨才能感受到什么是真正的快乐，才能领悟到爱的真谛，才知道人生中应该忘记什么，记住什么，放弃什么，学会什么，那样才是举重若轻。小战士原谅了自己战友不得已的过失，从而收获了一个一辈子的朋友，而这样的朋友必定是会无私的竭尽所能地去帮助你，去给你关爱的人。或许许多人都会想，在背后，被挨了一枪，咽不下这口气，一定要以牙还牙的去报复那个开枪的士兵。可是他们并没有想到，用你的宽容去对待你的朋友，而不是以怨气相待，那么日后这样的一个朋友在此生中能够帮到你很多很多的东西，也许还有让你意想不到地方，他能够成为你一面遮风挡雨的墙。事情已经过去了，一再追究也是于事无补，何不尝试着换一种心态，换一种方法去面对世界，面对这个曾经伤害过你，但是现在你能用高尚的胸怀去原谅的人呢？他已近满怀忏悔，只需要一个坚定的眼神而已。从此便能拥有一个肝胆相照的好友。何乐而不为呢？

听到了流言蜚语去引发激烈争吵，知道了一些做出对不起自己的事的当事人后，以牙还牙。这都不是切断痛苦根源的途径，想要结束这些，唯一能做的，就是原谅。宽容于人，宽容于事，不必去做没必要的争强斗狠，用自己宁静，淡泊，安好的心去面对他们。小战士经历过了生死历练的洗礼后。似乎更加懂得这个世界是这么的美好。那么同样也告诉我们所有人用一颗宽容的心去感触生命中的人和事。用一颗海纳的心去原谅那些曾经伤害过自己的人。

有一首诗是这样写的：宽容是蔚蓝的大海，纳百川而清澈明净；宽容是高阔的天空，怀天下而不记仇恨怨愤；宽容是灿烂的阳光，送你甘霖送你和风；宽容是延续生命，生命的辉煌也只有闪烁的一瞬；宽容大度才能超越局限的自身，一语宽容，雨露缤纷，一生宽容，心系乾坤。

只要我们多一份宽容，多一些换位思考。学会用微笑去面对即使伤害过自己的人，那我们追求的快乐生活，真的可以很简单很简单的就得以实现。

海纳百川的胸怀，一笑而过的气度

大海的宽广可以容纳众多河流，豁达大度、胸怀宽阔，是一个人有修养的表现。人们都把那些具有像大海一样广阔胸怀的人看做是可敬的人。

前几日和友人一起聚会，叙旧时聊到这样一个故事。书画大师启功到荣兴画廊参观，看到画廊外面画摊上摆满各种名人字画，有赵朴初、董寿平的，并且还有他自己的作品，不仅仅是某个摊位上有，而是在每个摊位上都有，有意思的时候还有些摊位是成批量的做批发。一位摊主是老太太，看到启功来了，老太太就对旁人说："这个老头脾气特别好，就是看到我卖的是模仿他的赝品，也不捣乱。"启功听到了老太太的话，回过头朝老太太点点头，那姿态就像是在和一位友人打招呼一般。当同行者问起，启老语气平和："她七十多岁了，靠这个维持家用，非常不容易呀，难道我要做个不义之人，去能断了别人的活路吗？"

故事说到此，一桌朋友就七嘴八舌的开始聊起来了。有人说他脾气很好，不轻易动怒，并且在这样的情况下都不动怒；有人说他很蠢，居然助纣为虐纵容自己作品的赝品出现在市场上进行交易。但是在我心中我觉得，关于他的这则事迹，告诉我的是不仅是一个不轻易动怒的启功，还是一个理智的启功，更是一个胸怀开阔能包容宇宙万物的启功。

其实对于那些在贩卖自己作品赝品的商贩们，他完全是可以当众揪出他扭送执法机关处理或者责令他不要再贩卖赝品。甚至可以当场撕毁赝作。但是他并没有这样去做。他是以一颗宽宏的心，去包容了这位老太太不得已的错失。站在了老太太的立场，并且还设身处地为她着想，体会到了老太太可能是由于生活艰辛才会这样做。我们常常把要学会包容、学会理解这句话挂在嘴边。可是当真真正正涉及了自己的利益时，却很少有人能首先想到平常经常说过的这句话，做不到去包容别人，更做不到说去换位思考对方为什么会这样去做等等。只会一时暴怒，无法约束自己的脾气，从而造成许多意想不到的后果。其实我们这一辈子，有许许多多的事情要去做，所以没有必要事事都那样较真。为一些鸡毛蒜皮的小事去计较其实是很不值当的。因为你在宽容了别人的同时，事实上也等于善待了自己。并且能让自己的生活变得更加轻松，愉快。

宽容，能体现在许许多多方面，可是我觉得最重要的，是能容忍别人对你说出的话，以及别人对你做出的事情。从别人口里说出的话，有褒义与贬义之分，对于褒奖的话，我们得鞭策自己，不让自己跌入谷底；对于贬义的话，即使在难听，在恶毒，我们也要泰然处之，有责就改无则加勉。或许同样一句话，不同的人用不同的语气用词，让听这话的人就会感受到不一样的氛围。乾隆皇帝，就给了我们一个很好的示范，他能听进和珅各种谄媚之词，却也能非常明白的懂得自己同样需要纪晓岚这样一个人所说的诤言来寻求一个平衡点，从而来维持一种心理的平衡。而当别人做出的伤害自己利益的事情，也没有必要去穷追猛打，给自己留一份绿水青山，也别把事情做到尽头，给自己和他人都留下一个机会。或许别人是事出有因，或许别人只是逞一时之快。大将军韩信的胯下之辱，并不是所有人都能承受的，他一身驰骋天下，建立无数赫赫战功并非和他海纳百川的心胸不无关系。有传说韩信富贵之后，找到那个屠夫，屠夫很是害怕，以为韩信是来杀他报仇。但是怎么都没想到的是韩信对屠夫所表现出的善意与友好，他被封为护军卫，这时候，他对屠夫说，如果没有当年的"胯下之辱"就不会出现今天的韩信。从大将军的身上，我们可以学到很多很多。

　　法国作家维克多·雨果说过：比陆地宽广的是海洋，比海洋宽广的是天空，比天空宽广的是人的胸怀。人生在世匆匆数十载，哭过，笑过，累过。回首往事，感受自己来时的路，在那些艰难的岁月里陪你走过的，鞭策你的，给你鼓励与安慰的人会让你更加容易珍惜友情，爱情亲情。可是即使这样，我们还是会要碰到了许多的挫折与困难，遇到许多的误解与不快。这时，我们才更加需要去学会宽容，宽容友谊能够天长地久。宽容爱情能够幸福美满。宽容的世界才能和谐美丽。一个人有了宽大的胸怀。有了可以容纳万物的心。才能够成就一番事业。才能够快乐而幸福的生活。

　　拥有海纳百川的胸襟，拥有一笑而过的气度。在这个现代的文明社会环境中，我们愿意看到更多的人拥有一颗宽容的心，给彼此之间增加多一些欢乐与温情。

写下愤怒，忘记忧愁

　　内心深处各类情绪就像人的影子一样每天与人相随，我们在日常的工作、学习和生活中时时刻刻都体验到它的存在给我们的心理和生理上带来的变化。也许，从自己的经验出发，我们每个人对情绪都有一些自己的看法，但是，情绪实际上比我们想象得要复杂得多。如果我们在某种程度上能够了解情绪对人产生的影响，并对情绪产生和发展的基本规律有一定的认识，这将不仅有利于我们的身心健康，而且对我们的学习和工作都十分有利。

记得曾经看过这样一句话：现在我们的生活太好，没有了衣食住行的束缚，所以人们开始显得不安分，总是把许多微小的情绪复杂化，让自己变得不开心。仿佛这样的生活，好像才多姿多彩一些。如果不是前段时间碰到了一些让人生气的小事，让自己情绪一直处于不安分的状态，所表达出来的所有内心想法也都换成了是一些语气暴躁的用词。那我真的以为那句话说的那些人真的是脑袋有问题。而这些种种不但影响了自己的心情，而且还让周遭的朋友担心我。就当这个时候，有个朋友告诉我说，如果实在无法控制自己愤怒的情绪，何不把这些东西记录下来，抒发出去，让自己的不满得到发泄。这样就能让自己的心情好起来，能很好地忘记忧愁。

其实我并不是一个容易情绪消极的人。之所以变成这样，可能也是自己无病呻吟的恶习所致。而正值青春的我们，是不能让自己的情绪控制自己心情的，要学会的是，如何去控制自己烦闷的情绪。要学会去写下愤怒，学会在面对困难的时候，要感谢生活给了我们成长的机会，让自己能变得越来越强大。

记得很早以前，那时候还留心听过广播电台，其中一个电台节目的主持人是一个有了很多年电台主持经验的人。每天会和许多朋友沟通，倾听听众朋友们的感情上遇到的各种各样的问题，不时还会提出一些他个人的观点看法，或者是借鉴的地方。他的观点总是恰到好处，对人也合理谦逊，从不因为倾诉者胡搅蛮缠而动怒，所以拥有了很多热心的忠实听众。有一次一个女听众问他："你就从来没有生过气的时候吗？"他回答的干净爽快，毫不犹豫："肯定有啊。我两个小时前还在为一些事极度困惑呢！你们以为像我这样的人就不会有困惑和烦恼了吗？就不会为一些事情而生气动怒了么？这怎么可能呢！其实每个人都会遇到困惑的事，只是有解决不了成为心结的时候,我也可以和你们一样去找一些朋友聊天、倾诉。遇到有一些没有办法倾诉的烦恼,我便会记录下来,把自己愤怒的情绪从笔尖流出,把自己的情绪通过自己方法调整过来。其实我觉得这是健康的减压方式,更其实任何事都会有解决的方法,关键还是在于全员每个人自己想不想做,怎么去做。"

是啊!这世上会有哪个人没有烦恼呢?生活中琐事繁多,其中有许多事都是因一些不好的情绪而产生的,并无绝对的正确与错误之分。我们要做的是随时保持良好的个人状态,从容地面对一切,我们不要让不良情绪左右自己的生活。所以,我们需要拿出积极的心态,时刻都拥有一份好心情,忘记忧愁。让生活因此而更加绚丽多彩。

再确保外间可以走的话,我就会在想:一个人什么时候才能算得上优雅呢?不怒,不怨,宽容的面对一切,对任何事情持一种宽容的态度,还是接受所有的生活方式?影响我们情绪的因素还有很多,人作为社会性的群居动物就不可避免地要接触大量的人,为了生存还要工作,所以在面对感情,生活以及工作的时候就会产生很多不良情绪,这个时候要因势利导,而不是一味地埋怨或是不停地生气让自己的心情变得复杂不已。其实社会上复杂的事情,残酷的竞争已经让我们身心疲惫了,那我们为何不让自己的心情去放一个假呢?碰上了烦闷的事情,和亲朋好友多交流,碰上了动怒的事情,试着去写下来。换一种方式去排解,去放松。只有当自己的心情好起来,任何事情才会是彩色的。

其实,说了这么多,最想表达的便是,不要让我们的情绪影响了我们的优雅,不要让你的坏心情残害了我们美丽的日子!更不要因为我们无处发泄的愤怒去伤害那些真心关心我们,爱我们的人。心情是自己选择的。当我们选择了开心,每一天都会是风和日丽,晴空万里。可是当我们选择了愤怒,那对所有人我们都将会是臭脸相向,随时会把愤怒传染给别人。

虽然说，很多时候是很难去控制自己心情的。可是如果一旦放任自己的情绪，我们就会失去原有的微笑，而当坏心情堆积如山，我们的生活就会失去原有的平静了。当有很多疑问浮现在我们脑海的时候，我们应当去诉说，当有很多让自己生气的时候充斥着周遭的时候，我们应该去学会记录下来，让情绪抒发出去，忘记烦恼。而不是任由情绪在自己的体内冲撞，让自己带给别人本不属于别人的烦恼。情绪是可以传染的，不管是积极还是消极的情绪都具有传染的因子。如果是好的情绪自然好，但我们能受好情绪的感染，也会受到别人负面情绪的影响。

我们应该要学会控制自己的心情，记录下愤怒，忘记忧愁，加强自己对别人坏情绪的"免疫力"。而不是让周遭的人和事物决定我们的心情。只有学会了这些，才能让自己云淡风轻，每天都生活的很快乐。

为自己的微笑努力，不为愤怒买单

每个人的成长初期都有一颗脆弱的心灵，害怕梦想破灭，害怕自己的一言一行遭到别人诟病，害怕被攻击，害怕这害怕那，在越来越多的害怕中，变得敏感，变得小心翼翼自我约束，变得不能准确正视自己，故而活在别人的眼光中。

首先来听我说一个故事：一个脾气暴躁的旅行家前往拜访一位著名的高僧。旅行家当天出门时情绪相当差，满脸的烦躁，旁人一看便知。到达目的地时，他费力地解开纠成一团的鞋带，接着使劲把鞋子往角落一甩，于是大门"砰"的一声被砸了一下，也吓坏了现场的每一个人。旅行家直到看见高僧时，才一改刚才恶劣的态度，礼貌地向高僧致意。但高僧却对他说:"对不起,我无法平心静气地与你谈话,除非你先跟被你迁怒的那扇门和你的鞋子道歉。"旅行家一听,脸上微愠地问:"你是在开玩笑吧?向门和鞋子道歉?为什么?它们又不是人,难道它们也会有受辱的感觉吗?"高僧回答说:"不管是人或物,都有被尊重的必要,当你把你的愤怒加诸在它们身上时,你同样也该准备好向它们道歉。所以,请你这么做:否则我也无须尊重你,更不必再深谈下去。"旅行家心想:"好不容易才得以见上高僧一面,如果因为这点小事而中止期盼已久的谈话,实在很可惜。"于是,他走到自己的鞋子前说:"朋友,请原谅我的无礼。"接着,又对门说"对不起,我为我的鲁莽行为向你表示歉意。"道歉之后,他回头坐在高僧身旁。高僧笑着说:"现在你的情绪比较稳定了,我们之间已经建立起和谐的关系,可以开始谈了。"后来,旅行家在他的回忆录里写道:"一开始,我觉得自己很滑稽,但是等道完歉之后,突然有股奇妙的感觉涌上心头,心境变得很平和。很难想象,只是一个小小的动作,心情的转变却可以这么大。"

其实当我们心情不好的时候,许多的事情都是无法进行的。就像故事里的旅行家,带着暴躁的脾气上门请教,然而心情没有平静下来,又如何能听得进去别人的劝说?

其实在我们人生当中有许多让我们不开心的事情,比如我们遇到了工作上的大难题,同事的不理解,家人的无处诉说已经让自己郁闷不已;比如我们遭遇了情感上的飞来横祸,怒不可遏的心情让自己即将要变成喷发的火山。而这样的情绪带给我们的又是什么呢?一天的垂头丧气只会让我们少一天快乐的日子,一天的抱怨愤怒,只会让自己少一天的开心生活。如果我们找到一位自己的"心灵安抚师",把自己的愤怒记录下来,让自己的情绪抒发出去,微笑面对,热烈拥抱。让自己为自己营造出一个欢声笑语的世界,从而让别人也带给自己彩虹蓝天。如果每一天都有人赠与我们微笑，赠与我们自信，赠与我们不愤怒的心情。那我们便会觉得曾经碰到的事情，都不是事了。开心过好每一天才是最重要。时势造英雄，危难酿微笑，丢掉愤怒，我们快乐的生活风帆一定会重整远航。

不要用情绪解决事情，那只会让事情越变越糟，学学高僧的方法，先让情绪缓和下来，即使要向门与鞋道歉也无妨。因为，旅行家在回头反省的动作中，会看见自己的无知与失控的情绪，并慢慢地舒缓自己的情绪，掌握失控的脾气，我们也可以做到。

有时候在下班途中，遇上大塞车。与其苦苦等待，咒骂连连何不为家里打去一个报平安的电话，即解了亲人对自己的牵挂，也让自己不再沉溺于烦闷的情绪之中，不再抱怨与杞人忧天，让心情得到转换。回到家中，剩下的或许只是一些残羹冷炙，我们也没有必要去愤怒与怨言。要想想生活那里会一直会恬淡安逸，偶尔的一些恶作剧，不仅仅会让生活徒增生气，而且还能让我们明白其实关于生活的这部"肥皂剧"其实能让我们时时刻刻领悟生活的真谛。其实自打我们来到这个世界之时，我们就是什么也没有的，可我们毅然选择了一直走在路上，既然如此，我们又何必去埋怨路途上的种种，细心体会，用心微笑。我点缀了路途的繁华，路途修炼了我的宽心等待。不要让自己在无限制的为自己因为愤怒而犯下的错误而买单，听听正能量之歌。看看美丽的四周风景，不愤怒地走在路上，带上本能的微笑，足矣。

与其让自己陷入无限的烦忧中，不如让自己努力地去微笑。不让自己被肆意的情绪所操控。放弃愤怒，放下不开心。让自己一直带着自信，微笑前进。

第十一章
糊涂亏,大便宜,世界其实很简单

有些事,看起来你是吃亏的,但是如果长远考虑,你会发现你得到的东西远远比失去的多。人生得失,孰优孰劣,全看个人的选择。当有冲突时,选择吃点糊涂亏,世界就会变得极为简单,而你的收获也会变得极为丰富。

宽容的人生每天都会风和日丽

宽容，是一种气量，善于看到别人的优点，更是一种智慧。你要学会原谅你自己，因为你不可能完美无缺；你要学会原谅你的敌人，因为你的愤怒之火只会影响自己和家人；在寻找快乐的路途中，最难做到的或许是你必须原谅你的朋友，因为越是亲密的朋友，越能于无意中深深中伤你。能装下别人或自己的缺点，才能装下整个世界的风雨。我们宽容了别人，同样也是自我的赐福。

古代有一位老禅师，一天晚上在禅院里散步，发现墙角有一张椅子。禅师心想：这一定是有人不顾寺规，越墙出去游玩了。老禅师搬开椅子，蹲在原处观察，没多久，果然有一位小和尚翻墙而入，在黑暗中踩着老禅师的背脊跳进了院子。当他双脚落地的时候，才发觉刚才踏的不是椅子，而是自己的老师，小和尚顿时惊慌失措。但出乎意料的是，老禅师并没有厉声责备他，只是以平静的语调说："夜深天凉，快去多穿件衣服。"小和尚先是呆若木鸡，后才反应过来，连忙感激涕零，并且回去后告诉了其他的师兄弟。此后,再也没有人夜里越墙出去闲逛了。试想如果老禅师不是以一种包容的心态去对待这个不守规矩的小和尚,而是在发生这种让他生气的事情之后小和尚大声斥责,并且按照寺规严以惩戒,说不定还不会让小和尚产生逆反心理,从而引发更加不好的后果。

不生气,不动怒,宰相肚里好撑船。宽容往往是最能打动人的。

可是在我们的生活中,却无法做到不生气,不动怒。我们往往感受不到自己的错误,却对他人的过失揪着不放,轻的会大声斥责,重的说不定一些好朋友还会反目成仇,其实事后反过来想,如果当时不因为怒急攻心而做出一些不理智的行为,而是以一个宽容,包容的心态去对待这些事情,换位思考,设身处地为他人着想,一定会有更好的结果。

前美国总统林肯就是这样的一个人,他从来不会因为竞争对手的任何所作所为而生气,反而会以包容的心态对对待他们,当时很多议员都感到十分不解,认为林肯应该要主动出去出击,去消灭他的这些敌人。可是林肯却说,为什么我们要想着去以引发矛盾的方式去消灭他们呢?如果我们能把他们变成了我的朋友,不就是已经把敌人消灭了么?这种宽广的胸襟不是每个人都有的。所以,我们应该也要像林肯一样,拥有一个不动怒,不生气的心,宽容的去对待一切。其实,我们都知道,在盛怒之下的口舌之争,往往是没有结果的,非但不能达到劝人改过的目的,反而会让彼此之间的沟通,遭受各种挫折。

我曾记得公司里两个同事的一个故事。A 和 B 即是工作上的好搭档,也是生活中的好朋友。有一次同事聚会,酒过半巡,A 透露了一点 B 的个人私事,B 听到之后勃然大怒,尽管当下 A 意识到了错误,并屡次和 B 道歉,可是 B 仍旧不依不饶,两人从此就成了反目为仇的局面。工作上不仅互不配合,而且还时常发生互相"拆台"的情况,最后导致了二人共同开发的一个项目不能如期完成,双双被老板开除。至此 B 才对自己的所作所为幡然悔悟，后悔不已，但为时已晚。A说了别人的坏话固然不对，可是B不仅不接受道歉，还把日常生活的情绪带到工作中去，影响了自己还影响了他人，这样的不积极的心态，难怪难逃解雇的厄运。其实这只是生活中我们经常碰到的，微小的不能再微小的事，只要B心胸宽广一点，不要被生气冲昏了头脑，用一颗宽容的心，去接受A诚心的道歉，说不定他们还会是好朋友，生活上还能相互帮忙扶持，工作上还能相互合作，完全不会发生到两人都最后失业的境地。

宽容，"宽"，就是敞开心怀，"容"，就是以开阔的心胸，原谅别人的过错。学会宽容，要让自己拥有一颗善良的爱心，戒骄戒躁，遇事冷静，凡事为他人着想，推己及人。

"须学海，十分满尚纳百川"，人无完人，人的一生，难免会犯些错误，但是我们要有一颗宽容的心，"得饶人处且饶人"，这样，人与人之间才能和睦相处，才能不让生活琐事困扰，才能以最大的热情投入生活和工作，才能为社会创造价值，作出自己应有的贡献。

宽容是一份爱心，爱自己，也爱别人，有爱，才有宽容。

拥有宽广的心胸，丢掉耿耿于怀

人生在世匆匆数十载，对许多事情，应该抱一种顺其自然的态度，一种不计较的心态。自己糊涂吃亏也好，意外沾光也罢。都应云淡风轻，平静的对待。

人是社会群居动物，每个人的生命都是鲜活的，一路走来，不可能事事顺心，必定有许许多多的事情，不尽如人意。我们可以找三五好友倾诉，抱怨；可以和亲人发发牢骚，念叨几句，可是千万不能是一直耿耿于怀，如果把这些不顺心顺意的事情一直集聚在心中，那么只会让自己的心情更加糟糕，给自己生活造成没有必要的困扰。对小事耿耿于怀，只会牵连到其他的事，就像蝴蝶效应一般，接二连三的产生许许多多不好的影响。其实如果追求的是一种轻松，自在的人生，就要学会一种不计较，不生气的心态。对于别人给的脸色，可以一笑置之，入心的清风，是吹散这些恼人心事最快的途径。而对于别人的风言风语，也没有必要大动肝火，大不了装作没听见，生活的好与坏是自己的，别人的评论只是人生的参考，决定不了我们自己的活法，生活是需要拥有这样的智慧。。

对于不开心的事情，耿耿于怀，不但会影响我们的心情，而且还会阻挡我们前进的脚步，让我们一直停留在无限的懊恼与愤怒中，惴惴不安的生活。我们不如放下这些让人心烦的事情，给心情放一个假，带它去一片清爽的田园，种上一些美丽的花草，给心情带来绿色的欢乐。如果无法放下令人愤怒的事情，带走的是我们自己的快乐，增加的是人生的苦恼。其实，这样的道理，谁都懂得，但是生活毕竟是我们自己的，快乐也是我们自己的，为了能快乐的生活下去，我们应该竭尽全力。

世界其实是多姿多彩的，有黑就有白，我们应该走自己的路，不能因为别人的一两句不顺心的话，而勃然大怒，集聚在心中无法释怀。如果我们没办法做到，那就会被许许多多虚伪的东西遮住我们透明的眼睛。其实让我们耿耿于怀的事情，盛怒之下做出的报复之事得到了满足之后，其实我们内心并不快乐吧。剩下的应该是无尽的空虚。对一些让自己不开心的人和事我们应该要做到，不动怒，不计较，保持着一种宽容的态度去看待着这个世界，我们的生活应该会充实很多，不要为了这些不必要的小事，浪费时间。我们放弃了那些如鲠在喉的怒气，放弃了无休止的恶性循环，也许，你就更容易让别人接近，而让自己变得温和，同时，我相信也能收获到更多的友善和帮助。如果，我们能让自己内心变得强大，不仅仅不会失去了什么，相反，我们会得到更多尊重，会使我们的个人魅力更加的丰富。如果我们能让自己的心情不受外界影响，也许，我们就会少受伤害，从而能把握好自己的生活节奏，不至于被别人的行为打乱。

花一些时间做点有意义的事情，比自己在无休止的生气，念念不忘那些糟糕的事情要有意义的多。耿耿于怀，就是对自己自信的挫败，耿耿于怀，就是对自己前进的障碍，耿耿于怀，就是对快乐的伤害。放弃这些不相干的心灵负累，不要做一个耿耿于怀被自己坏情绪控制的弱者，而要做一个宽容的强者。如何选择，就看你怎么选择生活的态度。

也许，由于别人的一些风言风语或者做出一些伤害过自己的事情，而我们也都因为愤怒，因为介意而做出不理智的报复行为，可大家都知道，对于这些事情耿耿于怀，对我们的伤害同样是无以复加的。我们应该选择快乐，健康，潇洒的的生活方式，远离耿耿于怀，用宽广的胸襟去拥抱生活，让自己开心快乐地去过每一天。

吃亏并不是真亏

优良的家庭教育会让每个孩子都明白在进入社会后，要懂得吃亏，吃亏是福，吃亏当吃补。吃些亏又不会少了什么，不过是一笑带过而已。孔融让梨，既把大的梨让给哥哥们，也把大的梨让给了弟弟。谓之曰自己年纪小，应该吃小的，弟弟年纪比自己小，应该把大的让给弟弟。记得这个传世的故事是在我们每个人的课本中都有的。

曾经记得有这样一个故事，有个砖厂的老板，没有文化，没出身，没背景，但是他的砖厂的生意却历经几十年长盛不衰，生意出奇的好。有人问起他做生意的秘诀时，他说自己其实也没有什么秘诀，说起来很简单，就是与每个合作者进行分利的时候，他都只拿小头，把大头让给对方。如此一来，凡是与他合作过一次的人，都愿意与他继续合作，并且因为老板的声誉优良，还会介绍一些朋友，再扩大到朋友的朋友，这些人最后都成了他的客户。人人都说他好，因为他只拿小头，但把从所有人那里拿来的小头加起来，就成了最大的大头，他才是真正的赢家！

吃亏是福。因为人都有希望自己能得到最好的那一部分的本性，可是，如果自己吃一点亏，把眼前的蝇头利让给别人，自己从长远的合作上为自己做打算，就能最大程度上让别人心甘情愿的为自己服务，从而完成自己宏伟的事业。

其实在现实生活中，能主动吃亏的人实在是太少了。不仅仅是因为人们趋利避害的一个特点，很难去割舍本来就应该分给自己的一桶金，而且大多数人还是会缺少长远发展的谋略，高瞻远瞩的目光，不愿意放弃眼前的既得利益而为长久做打算。

曾经重组国嘉实业达到借壳上市的北京和德集团，借壳之前是个传统的进出口公司，从1994年开始，短短三四年间，资产从3个亿发展到30个亿，主要就是靠鱼粉进出口生意。鼎盛时期的和德，是世界上做进出口鱼粉贸易公司中最大的企业，在国内的市场份额达到了85%的垄断地位。它为什么能有这样的规模？价格是关键！和德的报价永远是同行业中最低的，它出售的鱼粉每吨销售价比进价要低将近100元左右。这样的生意岂不是越做越赔？其实不然。一方面，和德要求所有的买家在签订购买合同的同时预先支付40%～50%的订金，合同一般都是三个月以上的远期合同。这样，就有50%的货款至少提前90天进入和德的账户，然后在国外出口商发出装船通知单之后支付另外50%的货款。在将近30天的行船时间内，和德就可以白白占用大量资金；另一方面，由于和德在业内的绝对垄断地位，使得它的信用很高，又可以在不具备任何抵押的情况下获得180天的信用证额度。两者相加，和德在一年至少有半年的时间可以有大量的资金在账。有了钱就好办事，仅仅是用这部分资金进行一级市场上的新股认购，20%甚至更高的投资收益率就完全可以弥补在鱼粉贸易中的损失。至于账面上的亏损而省掉的税金，还有大量的货物贸易使它在与保险公司、银行、码头等方面谈判时占据的优势，则更是外人看不到的。和德的董事长毕福君，后来虽然因为盲目进军高科技而落败，但在饲料进出口方面却算得上是英雄，用他的话来说："经商其实很简单，就是三个字——卖！卖！卖！"

大量的销售才能保证大量的现金流量，而大量销售的秘诀就是让利。

吃亏是福，吃小亏占大便宜。从上面的两个事例我们便可以知道。其实很多时候，从表面上看，我们好像吃亏了，其实到最后占便宜的还是自己。很多时候，越是不肯吃亏的人，越是可能吃亏，不但吃亏，而且往往还会多吃亏，吃大亏。惟有不计较吃亏的人，才会真正有福。自古就有"吃亏是福"、"吃一堑长一智"的说法。但对于其中的道理似乎有很多人还没有真正理解，或者只是表面上一知半解，而实际行动起来却大打折扣。

吃亏，虽然意味着舍弃与牺牲，但也不失为一种胸怀、一种品质、一种风度。贪心的人，总是费尽心思去算计别人，在其热情、仗义与关切的伪装背后，更多的是肆无忌惮地对别人的进攻与伤害。不怕吃亏的人，才会在一种平和自由的心境中感受到人生的幸福。

世界上没有白占的便宜，爱占便宜者迟早要付出代价。有的人见好处就捞，遇便宜就占，即便是蝇头小利，见之亦心跳眼红手痒，志在必得。这种人每占一分便宜，便失一分人格；每捞一分好处，便掉一分尊严。天底下也不会有白吃的亏。从某种意义上说，乐于吃亏是一种境界，是一种自律和大度，是一种人格上的升华。在物质利益上宽宏大量，在人际交往中尊重他人，抬举他人。如此这般，以吃亏为荣为乐，势必赢得人们的尊重和抬举。

任何一个有作为的人，都是在不断吃亏中成熟和成长起来的，并从而变得更加聪慧和睿智。一旦吃亏便愁肠百结、郁郁寡欢，甚至捶胸顿足、一蹶不振，受伤者只能是他自己。

常施援助之爱，不缺他物

愿意吃亏的人，终究吃不了亏，吃亏多了，总有厚报；爱占便宜的人，定是占不了便宜，赢了微利，却失了大贵。再好的东西，你也不可能长久拥有，不必计一时回赠，莫如常怀怜悯之情，常施援助之爱，得到人心，他物不缺。别以为成败无因，今天的苦果，是昨天的伏笔；当下的付出，是明日的花开。

还记得小时候听说过这样一个故事，东汉时，京城洛阳的太学里，有一次碰到皇上奖赏各个博士每人一只羊作为过节礼物，可是羊的大小不等，肥瘦不一，难以公平分发。大家正感到左右为难不知如何领赏时，一位姓甄的博士站起来说："还是一人牵一只吧，我先牵一只。"就在这个时候人们开始窃窃私语："要是把大的挑走了，剩下的给谁呀"然而，出乎大家意料，甄博士牵走了一只最小最瘦的羊。于是，博士们你谦我让，各自牵上一只羊，高高兴兴地回家过年去了。这事传了出去，人们纷纷赞扬甄博士无私的做法，还给他起了个带有敬意的"瘦羊博士"的别名。这件

第十一章 糊涂亏，大便宜，世界其实很简单

事这个看上去其实是一件很小很小的事情，可是当人们面对着对自己有利益的东西的时候，是很难去取舍的。所以像甄博士这样重利轻义，甘愿吃亏的做法，至今传为佳话。

说起这个故事，我想起了郑板桥的一句名言"吃亏是福，难得糊涂。"可是，在现在的社会里，却没有人能够知道这句话其中的含义。人们都拒绝吃亏，不愿意去亏待自己，不能接受对自己哪怕只有一点点不公平的事情。能在单位做的事情，绝对不带回家里去做，怕浪费家里的水电，在买东西时，为了一点点蝇头小利可以开心很久，可是如果自己多出了一点点钱，就会郁闷几天，总感觉有了便宜不去占，生活就过不下去了一般。虽然这是可以理解的，可是人生在世一辈子，每天都与这么多人去接触，交流，没有不吃亏的。我们学会的应该是如何以一个平常的心态去面对吃亏，如何让自己在吃亏的时候，还能保持着一个愉快的心情。其实我们只要了解到，人与人接触，没有绝对的公平，每个人在任何的时候，都可能陷入吃亏的境地，既然吃亏是我们无法避免的，那我们何必不用一种乐观的心态去面对，在吃亏时不会觉得自己是受了很大的委屈，而是把它当成自己一种磨练，成长的机会，让自己不要处于忧愁的状态。

吃亏是福，吃亏在某些方面其实是一种把自己的既得利益让给别人的一种体现。其实这只是我们看到的表面现象。而其中里面应藏着的内在的获得才是我们应该去重视的。可以去观察，凡是能够成功的人，都一定不会是很小气的人，而那些腰缠万贯的商人，也并非是那些贪图蝇头小利的木管短浅之人，因为他们知道，哪怕当前吃了亏，那也只会是暂时的，而吃亏背后隐藏着的长远的利益才是他们所追求的东西。其实这也就是刘少奇同志"吃小亏，占大便宜"的处世之道和价值观。

吃亏是福。在很多情况下，人们都不能理解其中的甜头。包括我自己，总觉得吃亏了就是自己对不住自己，自己和自己过不去。为什么这个亏非得

要我自己吃,而不是别的其他人。其实,越是这样去想,自己就约会陷入一个不安的恶性无限循环。本来拥有的好心情都会变得烟消云散,久而久之,自己就变成了一个爱抱怨,爱唠叨的人。生活里,也就越来越看不见阳光了。过了很久,我想,这样一直下去对自己并没有任何的好处。吃亏是我们无法避免的,何不用一个宽容泰然的心去对待身边的这些小事。何不学会用一种平静的心去面对呢?其实,追求幸福并不非得大富大贵,吃点小亏,问心无愧,悠然自得,知足常乐,本身就是一种很难得的幸福了。

我坚信吃亏是福,因为"吃亏"不仅仅是一种境界,更是是一种睿智,一种宽容豁达的处世态度,能让我们在纷纷扰扰的世间找到属于自己最真实的东西。

一页糊涂账,一本人生书

人们都说,如果活得太明白将会与快乐无缘。想想其实也是有道理的,滚滚红尘万千过客,在这熙熙攘攘的世界里穿行的人们,哪一个又不是满怀心事的呢?"众人皆醒,我独醉"才是一个真正大智的人,难得糊涂,为人处事游刃有余,才是睿智的最高境界。

平时,我们经常会遇到很多让我们无从下手,左顾右盼的问题,无论我们考虑的有多么的周全,也都不能保证处理到尽善尽美;在很多的时候,如果我们把一件事情做得过于直白会给人下不了台,没有留有余地的感觉,如果这个时候我们让自己变得愚钝一些或者是让自己变得傻一些,事情说不定就会出现很好的转机,原本会让人尴尬或者不开心的结果就会有所改变,更好的可能就会因此大事化小,小事化了,皆大欢喜的结果。

第十一章　糊涂亏，大便宜，世界其实很简单

糊涂是一种境界，它不是在所有的事情下，都好坏不分。只是在某一些特定的情形里最明智的举动。是为了把矛盾转化为最平缓最没有伤害的智慧之举动；是在让自己陷入了委屈，无助，无奈的时候，能有一种包容和容忍；是一种在混沌中的自我修饰；是一种若愚的大智慧，是一种看似懦弱实则坚强的忍辱。

糊涂是一种智慧，当你遇到很多棘手的事情时，适当的装装傻，给自己戴上糊涂的面纱，伪装在朦胧的面具之后，让自己留给别人一个单纯的印象，让人雾里看花。这样，就没有人能真正地去懂得你是一个怎样的人。而这样，其实也是个自己留下一个空白的空间，在能够很好保护自己尊严的同时，也能给对方一个很好下台的方式。其实表面糊涂的人，内心其实一点都不糊涂，他善于观察，懂得事理，他真正的聪明之处就在于，看似什么都不懂，其实心里如明镜一般，他的聪明之处就在于，他能在该聪明的时候聪明，该糊涂的时候糊涂。在这纷纷扰扰的世界里，看透一切，做到四两拨千斤。

糊涂是一种大度，他能让人胸怀宽广，潇潇洒洒。糊涂有时候是包容，是相信，是一种大无畏的心平气和。每个人多多少少都会出现在迷迷糊糊情况之下做错事情的时候。如果对于别人对你做出的一些伤害，是让你无法接受，无法去面对的。那么在这个时候，我们也不应该去吵闹，更不需要去以牙还牙。因为这样只会让自己更加的绝望与痛苦，让自己陷入无法逃脱的深渊。我们应该怎样做呢？我们应该要让自己去假装糊涂，而不是一直明明白白，保持清醒的头脑。因为人这一辈子，多多少少都会受到委屈与不公。而这个时候，何不让自己的头脑变得愚钝一些呢？对这些本不应该出现在我们眼前的事，睁一只眼，闭一只眼，不去计较，不去盘算。让时间去冲淡着一些东西，相信明天的太阳一定会照常升起。

糊涂还是一种心态。人生在世，许多事情，都没有必要去计较认真。

再聪明的人，也有犯浑不清的时候。在许多的问题上，我们应该要抱着理解和宽容的心态，对人生的恩恩怨怨一笑而过，更不用去妄加猜测，去胡乱臆想。对人淡淡然然，对事坦坦荡荡，面对逆境泰然处之，面对顺境不骄不躁。只是要偶尔让自己变得愚笨一点，难得糊涂，糊涂难得。

糊涂不是一味地迁就，不是不明事理；糊涂事一种心境，是一种茅塞顿开的觉醒，是一种与人为善的修养，是一种胜券在握的自己，是一种积极向上的生活热情，是一种自命不凡的清高自傲。

我们懂得了"难得糊涂"的道理，自然就会懂得人生的真谛，懂得了如何去生活，懂得了如何去获得快乐。

利人利己，亏人亏己

人们常说，健康是福，平安是福。却无法去理解吃亏这个本来会让自己受到伤害，受到损失的事情为什么还会是一种福气呢？其实只要我们去理解，什么是吃亏，就能够清楚地知道，这件本身具有伤害的事情，为什么对我们来说，会是一件福事。

放弃自私自利，尊敬那些不尊重自己的人，帮助那些不帮助自己的人，甚至于去帮助陷害过自己的人，并不是奢求别人给予回报补偿。虽然，吃亏这件事，在短暂的方面看来，是一件会让自己利益受到损失，不利于生活的事情。可是作为一个有深谋远虑，一个见识的人，却不会去把眼前的这一点点的不顺利，当成是老天对自己的不公。反而会从不断的吃亏中去成熟，去成长。吃一堑长一智，在不断地累积下，越来越聪明睿智，自己变得越来越强大。所以说，只要你正确的去看待吃亏，去放平心态。虽然从短时间看，自己是受到了一些不公平的待遇，可是从长远来看，吃亏并不是一件坏事，所以吃亏是福，吃亏是富，而且更有一句"吃亏常在"这么一说，其实就是吃的亏的人能长命百岁，既然如此，我们何乐而不为呢？

佛学对于人性，吃亏方面有过相关的研究，原因是迷失自性太久，养成的不善习气太深，起心动念决定不能忘记"我的利益"，都自我的利益摆在前面，从来没有考虑过别人的利益。所以，起心动念，所作所为，都趋向损人利己，以为这样才能够生存下去，你死我活是个严重错误的观念，不仅仅会对自己造成严重的伤害，而且还没有毫分的利益。古今中外的圣贤都说，还不是一个人这样说。为什么他们所说的都是一样？这都是对于世事的深入研究所得出的真谛。我们要反省，要细心去观察。这大概就是中国古人所讲的是真理，"英雄所见，大略相同"，这才是真实的大智慧。

同时，我们应该知道利人利己，亏人亏己，害人害己这些不变的道理。我们现实生活中，那些因小失大，贪图眼前的小便宜而让自己到最后倒大霉的事件屡见不鲜。我们应该看到的是，为了达到目的不择手段的人，虽然获得了眼前的利益，拥有了名声，地位，金钱等等，可是这些人却失去了做人基本的诚信与尊严。因此，吃亏是福，要乐于、勇于、善于吃亏，这是一种境界，也是一种自律和大度，更是人格上的升华。其实哪有人的生活是一帆风顺的，很多人看起来每天的生活都是欢声笑语，丰衣足食，富裕充足，可是我觉得，他们必定是没有少吃亏，因为只有不把吃亏放在眼里，不因吃亏而大动肝火，能正视吃亏，才能换来的如此丰腴快乐的人生。

其实，在如今诚信缺乏的社会里。我们时常会被别人算计，被别人陷害，而自己也有时候会痛苦不已。可是，生活里哪有一点坎坷都没有的事情。人心隔肚皮，谁都不知道谁对自己是真正两肋插刀的朋友，所以，就算是被算计，陷害了，就当自己被狗咬了一口，吃了点小亏，损失了一点物质与利益。可是却能赢得别人的尊重与同情,而现在这样的社会里,人心所向是极其难得的。所以,我们要知道吃亏是福,遇到了吃亏不抱怨不动怒,相信今天的吃亏是会能赢得以后长远的报酬。各类冲突时常发生,冲突是谁制造的,怎么造成的,这些原因或许没有谁能真正的解释清楚,要消除这些冲突灾难,应该从我们自身做起。不要求别人。要求别人,你是决定错误。高明的人是绝不要求别人的。

我的人生原则是"宁愿天下人亏我,我不亏天下人。"吃亏常在,便宜莫占。因为当年的国家主席刘少奇说过的那句话:"吃小亏占大便宜,占小便宜吃大亏",我早就铭刻心中,人们耳闻目睹的古今中外有那么多显赫人物其实都因为吃亏后而成就大业的,相反也都是因为占便宜后而难得善终的。"手莫伸,伸手必被捉。"陈毅就是告诫人们别总想占便宜,手不伸看起来是比别人是吃了点亏,可是不用怕半夜警车叫,睡觉也踏实,那才是真正的福。

松开手,幸福才有到来的可能

人生匆匆数十载,钱财,功名,都是身外之物,生不带来死不带去,近期时下流行的电视小品里不是有这样一句玩笑的台词吗"人生一辈子最痛苦的事情就是,人死了,钱没花完",这些通俗易懂的话都是告诉我们对于这些身外之物我们要想开一点,看淡一点,不要斤斤计较,学会吃亏,培养自己宽宏大量的气度,宽厚的心态,为人处世都要和气,只有这样才会得到各方面的理解与尊重。赢得快乐。所以,把吃亏看得简单一点,生活就会快乐。

第十一章 糊涂亏，大便宜，世界其实很简单

曾经听到过这样一个故事：一位女士在早上等去县城的车，有一辆去县城接孩子的私家车路过，司机看着这位等出租车的女士，想顺便拉上她还能凑点油钱，于是寻问女士是否去县城，女士等不来出租车，于是就上了这辆私家车，在终点要下车的时候，司机要五十元，而该女士说平时坐车只要三十块钱，为什么坐他的车要收这么贵。还说要去举报这个师傅，因为他开黑车，要讨个说法。司机一听她还要投诉，认为她就是在胡闹，于是发生了口角，最后就演变成了两人就在车内厮打起来。混乱之中女士还弄坏了车内的导航仪。司机一看，就更加气了，一千多块的导航就这样弄坏了。于是在魔鬼冲动的作用下，司机把该女士掐死了。就这样一个美丽的生命从此陨落。

其实看了这个故事之后，我沉思良久。导致这一场灾难的原因到底是什么？还不是因为区区的二十元引发的这一场命案，让人痛心不已。而我们在叹息的同时，应该要去掂量掂量，钱财真的重要到这样的地步吗？我们能为了钱，不顾生命的代价，为了钱，就可以去这样草率的结束一个人的生命么？如果能豁达一些，为什么就不能当成是自己的二十元丢掉了？为什么不先把钱给了他，然后等下车再去投诉？最后失去的是用多少钱都买不回来的生命啊。对于钱财这种身外之物，我们看淡一点不就好，况且二十元又不是一个天文数字，都是在大家能够接受的范围之内。只要我们开心健康快乐地去过每一天，才是最重要的。也是多少钱财都不能换取的，你们说呢？

很多时候，我们如果过于计较自己的得失，不去让自己用平常心去对待一些吃亏的事情。斤斤计较，反而会舍本逐末。我觉得从侧面来说，吃亏真的可谓是一种自信的表现。因为能够吃亏的人，不会是心眼细小的人，他会从长远的心态去看待这样的伤害。能从吃亏中吸取教训，让自己成长起来。我们要拥有的，其实真的不必那么多，最重要的是，我们要有一个道德准则。帮助我们在复杂的世界里，去寻找一点点简单的东西；在

迷惘中为自己指明一条通往明朗的道路。

就像在工作中，我们被多分配了一些工作，做的事情比别人苦了一些，累了一些，繁重了一些。真的不用去抱怨，也不必耿耿于怀。而是应该去换一个角度去思考问题，这些本不应该属于我们的工作，正是会给与我们更多的实践与学习的机会，我们应该去抓住它，去好好使用它，让自己的羽翼变得更加丰满。如果我们一味地抵抗、不接受，第一我们会做不好这件事情，第二我们会让自己内心十分纠结，第三最直接的就是导致无法获取事业上的成功，带来相应的负面影响。我们常常幻想自己能够拥有很多东西，但是为什么往往却得不到呢。是因为没有对自己进行合理的分析，没有对自己的能力定位的很明确。于是导致了自己所追究的东西不切实际，过于虚高。所以我们应该要摆正心态，脚踏实地地去做好现实生活中的每一件事。

在漫漫人生路上，没有一帆风顺，每一个成功的人，都是一步一个脚印慢慢登上高峰的。这个世界上没有那么多的完美，通往成功的路必然是曲折崎岖，风雨险阻，不经历风雨，怎么能见美丽的彩虹。吃亏是福，爱占小便宜的人往往是吃大亏的人，任何一个有作为的人，都是在不断地吃亏中成熟和成长起来的，从而变得更加聪慧和睿智！乐于吃亏既是一种境界，又是一种自律和大度，更是一种人格上的升华，只有确立了这样坚强信念的人，才是获得了永远幸福、永远自由的人。但现实生活中，能够主动吃亏的人实在太少，这并不仅仅因为人性的弱点，很难拒绝摆在面前本来就该你拿的那一份，也不仅仅因为大多数人缺乏高瞻远瞩的战略眼光，不能舍眼前小利而争取长远大利。如果我们的社会能有更多的人做到诚实守信，处处能为别人着想，事事能从大处着想，不为一己私利而损害别人利益，那我们的社会将会变得多么和谐、多么美好！

我们把吃亏看得简单一点，不要揪着吃亏不放，这样我们的生活就会简单一些。快乐，很幸福才会常伴我们的身边。

第十二章
不生气能救己,自知方能知世

　　生气就像是一场你肆意放纵的大火,它可能伤害别人,但是它也一定会伤害你自己。在某些时候,不生气就相当于你救了自己一次。当你通透地了解了你自己,人生就会变得开朗,生气也会显得滑稽可笑。

回头想想又何必

"人生就像一场戏,因为有缘才相聚。相扶到老不容易,是否更该去珍惜。为了小事发脾气,回头想想又何必。别人生气我不气,气出病来无人替。我若气死谁如意,况且伤神又费力。邻居亲朋不要比,儿孙琐事由他去。吃苦享乐在一起,神仙羡慕好伴侣。"曾经听到过这样一首民间歌谣,这首民谣应该不少人都有听过。

当时还年幼,不懂得这其中的深层含义,只知道这首歌押韵朗朗上口,便无事就在家中对着墙上的字画,反复念诵着,经常练字的时候也会不自觉地就那话中的歌词来练手。长大了,进入社会,开始懂得了人与人相处的不易。每个人都有自己的性格和脾气,在这个个性飞扬的年代里,每当人们只要碰到一点自己与自己想法或者所预期的不一样时,便会抱怨连连或者生气不已。其实停下来慢慢想一想歌谣里所讲述的不正是如此吗?人生就像一场戏,因为有缘才相聚。难道不是这样嘛?

地球上千千万万的人,两个人要从这么多人中相识都尚属不易,更不要说是能相知,相惜了。大家能够说上话,能够成为朋友,情侣,搭档或者其他更加是难能可贵的。而我们能做的,应该是要去珍惜这段来之不易的缘分,对于开心的当然要毫无保留的一起去分享,可是一旦有了矛盾,我们应该学会去换位思考。站在他人的角度,去理解对方的苦楚和不得已。缘分让大家在这纷纷扰扰的世界相遇,我们能做的应该是要好好把握,不让缘分轻易地溜走。

佛说五百次的回眸才换来今生的一次擦肩而过,是啊,我们何必去对朋友生气,这样一来轻则自己内心添堵,重则可能会失去一个很好的朋友,难道你不认为这是多么不划算的一件事吗?而对于一个与自己毫无瓜葛的人,那么更加没有必要去生气。每天的繁重的工作与生活压力,已经把我们累得精疲力竭。在空余的时间,我们应该去和家人共度良宵,和朋友把酒言欢。对于不相干的人对自己造成的伤害,我们应该要从容地去面对。哪怕心中再气再不快,也要乐观的去面对他们。这样做没有什么不好。不会影响到自己的心情,同时还有可能收获一个朋友,何乐而不为呢?

"为了小事发脾气,回头想想又何必,吃苦享乐在一起,神仙羡慕好伴侣。"当你遇到令人无法释怀的生活琐事,怒极攻心的时候,我总是容易想起这句话,这些话的含义会不断萦绕在我心头。为了小事发脾气,回头想想又何必。几个简简单单的字却能道出了人生的哲理。拥有好心情,才能欣赏到美丽的阳光。我们的生活中,有许许多多的美。我们应该用阳光的心态,时时去发现美,而不是沉溺在无止境的忧愁与烦恼中。我们应该用阳光心态,时时享受生活,而不是一直游走在生气的边缘。该放下的放下,学会谅解、宽容。不原谅别人,等于给了别人持续伤害自己的机会。我时常有这样的体会,心情好的时候,即使天空在下雨,你也觉得这是老天幸福的眼泪。生气沮丧的时候,即使是晴空万里也会觉得漫天的乌云密布，让人透不过气来。心里舒畅的时候，就算是在吃苦，也觉得苦中有乐；满心怒火时，尽管面前是山珍海味，可能也如糟糠一般让人难以下咽吧，一切都来自内心深处的认知。俗话说，境由心造，相由心生。因为快乐的心态会像一缕温暖的阳光驱散心里的阴云，阳光会铺满心里的每个角落。我们都喜欢看美好的东西，因为能让人身心愉快。生活中有这么多美好的事物要去发现，这么多美丽的景色可以去观赏，我们何必让本不该有的愤怒占据我们的生活呢？

无法改变生活本身的我们，应该要张开双手，用阳光的心态去面对生活中不如意的地方，微笑的去面对。

学会控制情绪能受用终生

在今天这个高度发达的社会里，每天都有许许多多的机会，诱惑，困境，烦恼。在面对这些东西的时候，我们的思想，总是会产生各种各样的情愫，而我们应该要学会如何控制自己的情绪，控制自己的思想，学会去分辨，当下心里的产生的想法，是否是出于冲动，是否会对自己带来不良的后果。从而去拒绝不利于自己的思想活动，接受能让自己变得更好的心态。乐观会增强我们的信心和弹性，而仇恨会使我们失去宽容和正义感，让我们自己每天处于不安和焦虑之中。学会去控制自己的情绪我们将受用终身。

控制情绪说起来似乎很简单，但如果真的要做到其实也不是一件容易的事情。暴躁的情绪，会影响我们做很多的决定和选择，还不时会因为冲动的情绪而受害。这样的道理，其实每个人都懂得，可是当真正自己面对了内心无法抑制的暴怒时，总是很难去控制住。我们在日常生活中，时时会因为几句口舌之争，便与人大打出手，更有甚者为此丢了性命。就是因为人们总是容易受情绪摆布，头脑一发热，什么蠢事都愿意做，什么蠢事都做得出来，根本就不会考虑也许会碰到的任何后果，更不会去考虑这些后果会带来什么严重的影响。还曾记得，正直壮年的普希金，正是由于无法很好地去控制自己的情绪，在一次与人决斗中，牺牲了自己的性命，俄国的一个文学新星就从此陨落了。

或许你会感叹普希金的勇气，可我觉得，如果你连自己的性命都没有了，那你拿什么去争取你想要，想得，想爱的东西呢？其实历史上还有很多典故，都是因为一时怒不可遏而做出了不理智的行为，大则失国失天下，小则误己误事。可到了事后冷静下来，细细想来其实大可不必这样。而归根结底是因情绪的躁动和亢奋，蒙蔽了人的心智所为。

还记得当年看三国，诸葛亮和司马懿祁山交战，诸葛亮千里劳师欲速决雌雄，司马懿以逸待劳，坚壁不出，欲空耗诸葛亮士气，然后伺机求胜。诸葛亮面对司马懿的闭门不战，无计可施，最后想出一招，送一套女装给司马懿，羞辱司马懿是女子小人。古人以男人自尊，尤其在军旅之中。如果这件事放在一般人身上，一定接受不了这种羞辱。可司马懿却恰恰相反，他落落大方地接受了女儿装，非但情绪没有受到任何影响，而且还能保持坚壁不出。最后让神机妙算的诸葛亮也都无计可施。我们先不管这场战役的结果如何，至少司马懿在这件事情上，战胜了自己，并且也为以后的胜利埋下了伏笔。如果司马懿如共同普通的匹夫一般受不了这类羞辱，我想说不定所记载的中华历史会被改写吧。当然，这只是作为题外话，但我们从司马懿的所作所为中看到了，他把握住了自己，控制住了自己思想中易怒的一面，冷静地分析了当下的局势，并不以自己个人的一己之私而弃大局与不顾，对思想中的负面情绪产生了警觉性，并做出了正确的选择。

诚然，提到的这些都是载入史册的历史典故，虽然现实生活中的我们，可能没办法去体会两军交战时艰难的博弈，可是我们自己对于如何去控制自己的情绪，应该可以学到很多。比如司马懿的淡然，不去理会别人的冷言冷语，不为诽谤去争辩，有则改之无则加勉，既然是流言总有一天会不攻自破；比如司马懿的乐观，把别人激怒自己的计策当成是，茶余饭后自己的娱乐笑话，既让想激怒你的人无计可施，还能增加自己的快乐的情绪，何乐而不为？

学会控制自己的情绪，会受用终生。反之，可能一生都会为其所害。

看淡风云，胸纳万物

俗话说，将军额头能跑马，宰相肚里能撑船。大度能容，容天下难容之事，与己何所不容，慈颜常笑，笑古笑今，天下可笑之人。

其实在生活里，我们每个人都有遭遇到挫折，遭遇到不公平对待的时候。我们不能因为一时受挫，就否认自己的能力，满腔抱怨，怒不可止。更甚者还对自我产生了怀疑。我们要做的，应该是勇敢地去面对，不要逃避，不要畏缩，不要生气。在保持冷静的情况下去分析整件事情发生的所有过程，如果确实是自己的原因，那就应该不逃避，并且毫不犹豫地找出问题所在并加以改正。如果并不是自己的原因，那么我们也要去告诫自己，以后要引起注意，不要去犯同样的错误。

要知道生活不会永远给与我们挫折与苦难，没有解决不了的问题。只是时间长短而已，我们不因挫折而气馁，不因苦难而抱怨，不因不公正的待遇而生气发怒。我们应该看到的是，生活本来就是风雨彩虹相伴的，我们何不把他看成是人生图画里一剂调色的颜料，只是为我们美丽的人生蓝图增添了更加丰富的色彩而已。如果我们自己对自己有信心，如果我们把生活里的苦难当成是自己成长历练的机会，那我们在面对任何苦难的时候，应该都会昂首向前。

在做人方面，我们一定要保持着宽容淡定；处事方面，我们应该平和，不要燥不要怒不要烦。我们要学会去主动的与他人交往，凡事应该去设身处地为他人着想，而不是当发生了一些让自己吃了一点点亏的事情的时候，便怒不可遏，大发雷霆。我们要学会昂首阔步地向前走，对于所有事情都应该充满力量，不要遇到挫折就气馁，遭到不公平的待遇就丧失信心。要知道成功的人，得意的人总是意气风发，心胸开阔的。要明白，能够赢得快乐的人，必定是不去斤斤计较，不去随意生气的人。反而他们都会时常站在别人的角度，去思考，去反思自己，让自己成为一个越来越好的人。

豁达大度，才能心胸开阔。豁达大度既是一种生活态度，又是一种思想深度，认知程度的体现。因此，其本身就没有统一的标准。每个人的认知角度不同，需求不同，那么每个人对于心胸开阔，豁达大度的理解也不尽相同。责任心必须有，不论对工作，对家庭同样也是要做到为人谦虚。古人云：虚怀若谷大丈夫。无谦虚之心，自以为是，怎么可能表现出宏大的气量？要具有高远的志向，人的志向高远，自然注重大是大非，对于指端末梢那些鸡毛蒜皮的小事不要存在斤斤计较的心态。要做到善心度人。如果以为除了自己之外，其他人都是坏人、笨人，自然会步步设防，针锋以对。显现出来的必定是为人刁钻，狭隘。看人的出发点错了，再好的推理都只能得出错误的结论的。

大地承受不住的东西，胸怀可以容纳，我们的心虽然只有拳头大小，但它和广阔的天地一样，是没有任何界限的。在当今社会，又会有多少人拥有博大的胸怀，不凡的气度呢？可能会因为不满而发生争论，因为一点微不足道的小事而大打出手，在菜市场，因为短斤少两而火冒三丈，吵得引来无数围观；在公共汽车上，因为拥挤而互相埋怨；在学校，因为一点小事而争论不休……

大海是那样的浩瀚无边与辽阔壮美；相反一口井却是那样的狭小幽暗，视野浅陋。你若希望自己的心灵是一方大海，那就推倒墙壁，开阔心胸吧！一个开阔的心胸，可以帮助你拥有开阔的视野，远大的目标，不凡的气度。如果你把自己禁锢在一口小井中，那么最终你将成为井底之蛙，永运无法体验到这个世界的辽阔与美好。

或许我们在很小还不懂事情的时候，就常听大人说起"欲穷千里目，更上一层楼"，其实"欲穷千里目"不仅仅是指我们的眼睛看到的外在的东西，更重要的是，我们的心能容纳多少东西，我们能看到多高，飞到多远，完全取决于内心的高度。一个磊落坦荡的胸怀，容得下别人冷言冷语，容得下批评嘲笑，容的下一时委屈，不生气，不发怒，这样我们才能容得下心中的大目标日后才能走向成功。开阔心胸，容纳万物，看淡风云，为自己赢得属于自己的一片天。

自知方能从容处世

高尔基说过"人都是在不断地反抗自己周围的环境中成长起来的，"而我们在不断了解自我与战胜环境的过程中，正是在克服自身与环境的不协调。正如达尔文所说的："适者生存。"因此，只有真正了解自己，才能适应生存环境，成就辉煌，赢得世界。

记得很小的时候，曾经听说过孔夫子与徒弟的一个故事：有一回孔子问子贡："你觉得你和颜回谁更加博学多才一些？"子贡谦逊地说道："我怎么敢和颜回相比？他能够在知道一件事之后融会贯通的联想出十件事情来。而我知道一件事只能知道两件。"其实由于遗传基因的各不相同，所以就造成了每个人思维方面的不一样，每个人都有各自的优点与缺点，擅长的东西与自己的短处都非常明显；而且后天的生长环境与教育水平更是造就了人们不同的兴趣爱好，迥异的性格特征和为人处事的生存方式。而我们并不能去从根本上改变这些东西，应该要去学习，去了解。去体会。不能一味的要求自己去朝着一个最高的目标去奋斗。而是在了解自己的情况下为自己制定一个合理方向并不懈地朝着去奋斗。如果一味地去追求一些自己得不到的东西，可能常常会错过属于自己的美好的事物，而且还会让自己沉溺于尴尬和痛苦之中。

人们最难得的就是有自知之明，其实人们很难去真正了解自己。因为大多数人对自己做评价时，不是容易自卑的轻贱了自己，就是容易自大的抬高自己。其实要恰如其分的感知到自我，完善自我，要知道自己能吃几碗饭，能走几里路，能创造多少价值，才能做到真正的自知之明。可是现实生活中，人们就是容易自觉高人一等或者是容易自惭形秽。但是子贡的这种明智的自知和胸怀博大的从容是难得的。他虽然可能不及颜回的闻一知十，但是却以独特的人格魅力为人们所歌颂。有一句话说得好，人生最大的敌视就是自己。自己会是人生中遇到的最可怕的敌人，如果你无法战胜这个敌人，那么你的人生可以说是不能算真正意义上的达到胜利，并且要战胜自己是一件并不容易的事情。最后，我们可以看到只有战胜了自己，人生才能更有意义，才能有所成就。如果认识到了这些，那么就很有利于我们去了解自己。

西方有一位哲人曾经说过："诚实地向自己展开自己，这是人生一道优美的风景线。"吾日三省吾身"则是我们中国的千年古话。其实这两则简短的话语，都是在告诉我们，我们为了更好地观察自己和了解自己，就应该去注重我们的自我修养和自我慎独。因为自省才能自制自律，自律才能自尊自重，自重才能自信自立。自尊为气节，自知为智慧，自制为修养。所以一当我们具备了自知之明的胸襟和气度，我们必定能够不卑不亢，顶天立地。也不会做出有损道德的事情，同样也能让自己处于一个事业竞争的有利一方。因为我们会在人生的道路上不断地解剖自己，给自己加油打气，自勉自励，能够在机遇来临的时候，把握住。不骄不躁，不因风言风语让自己陷入愤怒的尴尬境地。

人都喜爱听好话、奉承话，不自知的人听到好话、奉承话，便会信以为真，飘飘然，觉得自己已经是一个完美无缺的人，却没有考虑到，其实说话的这些人的背后目的是什么。其实在战国时期，大夫邹忌就很有自知之明，并没有因为旁人的一味称赞而迷失自己，他说："妾之美我者，畏我也；客之美我者，欲有求于我也。"而且他把吹捧者的内心揭示无余，因此也不会因为别人的话而沾沾自喜，骄傲自大。同样的故事还出现在了《太平广记》中：一监察御史文笔不行却爱好写文章，人家奉承他两句，他就拿出一部分钱财请客。监察御史的夫人劝他说：你并不擅长文笔，一定是那些人在拿你寻开心。这位老兄想想好像是这么回事，不管别人怎么说，再也不肯出钱请客了。监察御史了解到了这些人的目的，便重新审视自己，了解自己。以免自己折了钱财还会遭到别人的笑话。

其实很多人都能够做到自知。可是到底是自知之明？还是自知不明那就不得而知了。虽然只有一字之差，可是结果却是千差万别的。不明的人，无法从别人的称赞中去了解到其中真正的含义，不知道别人是有目的的称赞还是发自内心的赞许。就容易飘飘然，忘乎所以。这种人在人生的道路上就很难找准自己准确的方向。其实两句话最关键的还是在"明"字上，对自己明察秋毫，了如指掌，因而遇事能审时度势，善于趋利避害，则就会很少有挫折感，所以预期值实现度就会更高，人生道路也会更顺畅。同时，自之不明是受私欲和心境的影响与干扰的。在如今人心浮躁和物欲横流的人际交往中，如果不能正确对待自己，缺乏自律意识，就很容易受各种负面东西的诱惑和腐蚀，沉湎其中而不能自拔，以至于让自己尝到痛苦的后果。

流星一旦在灿烂的星空中炫耀自己的光亮时，也就结束了自己的一切。自高必危，自满必溢。很多的人取得一点成功就居功自傲，拥有一点名气便目中无人。所以人最难能可贵的就是在自知之明上。然而要真正了解自我，就必须换一个角度看自己。客观的审视自己，跳出自我，观照自身，如同照镜子，不但看正面，也要看反面；不但要看到自身的亮点，更要觉察自身的瑕疵。切忌孤芳自赏、妄自尊大。其次，要不断完善自我，有则改之，无则加勉。须知道天外有天，人外有人；尺有所短，寸有所长。

当有一天你能面对别人的吹嘘不动声色，面对别人的恭维明察秋毫，面对"妾"与"宾客"的美丽言辞而一笑而过时，我们才真正地了解到了最真实的自己。也只有了解了自己的长处与短处，才能对人生惊醒准确的定位，才能让自己在这不进则退的时代里，勇敢地向前走。

修养自我气质，生命会更从容

大喜易失言，大怒易失礼，大惊易失态，大哀易失颜，大乐易失察，大惧易失节，大思易失爱，大醉易失德，大话易失信，大欲易失命。

潮起潮落，春去冬来，草长莺飞，都是自然界亘古不变的规律。而我们的情绪却是可以任由自己去改变的。每天我们早上醒来，都不应该去怀念昨日的心情。因为每一天都是新的一天，我们不能把昨天的快乐变成今天的忧愁，把今日的悲伤变成明日的喜悦。所以我们就应该去放下这些不快乐，认真地去过好每一个正在拥有的今天。

当你能控制自己的情绪时，你就是优雅的；当你能控制自己的心态时，你就是成功的。优雅不是训练出来的，而是一种阅历；淡然不是伪装出来的，而是一种沉淀。时间流逝，老去的只是容颜，而灵魂，却可以变得越来越动人。

我们要如何去控制自己的情绪？首先我们应该要心平气和。在愤怒中度过的每一天，都将是忧愁的一天。花草树木无法去为自己争取生存的方式，可我们却能为自己创造一个心情。如果我们能给身旁的朋友带去阳光雨露欢声笑语，那我们身旁的朋友回敬给我们的一定也是鲜花彩虹谈笑风生。当每天我们都收获了一份好心情，那我们有什么事情是做不成功的呢？其次，我们应该要让每天都充满幸福与快乐。弱者任思绪控制行为，强者让行为控制思绪。我们应该去同困扰我们的悲伤，自怨，失败等负面情绪抗争。我们要在逆境中开怀大笑，在苦难时，引吭高歌。不悲不气，不骄不躁。让自己成为生活的强者，不被生活牵着鼻子走。

大家都知道，有的时候，我们会因为别人做的事说的话，让我们不开心，而在这个时候，我们应该把自己想象成对方，换位思考。这样的情况下，我们不仅可以体会和了解对方，还可以检视到我们自己过去曾忽略的一些问题。人无完人，其实当我们要求别人的时候，我们自己并不是样样都好！当我们原谅、理解别人的时候，其实别人也在我们不知道的时候，为我们说话，支持我们，给了我们他能给的谅解。

大千世界，人人不同，绚烂的不仅是自然，多彩的还有各种个性的人。我们应该要宽容怒气冲冲的人，因为他尚未懂得控制自己的情绪。我们没有必要去因为他的不成熟而让自己陷入愤怒的境地。因为我知道明天他会改变，重新变得随和。我不再只凭一面之交来判断一个人，也不再因一时的怨恨与人绝交，今天不肯花一分钱购买金蓬马车的人，明天也许会用全部家当换取树苗。知道了这个秘密，我们便可以知道，其实每个人都有自己的处事方式，每个人都有自己闪光的一面。看到别人的优点，忽略别人的缺点。试着去原谅一些伤害过自己的人，因为怨恨只会让自己更难过。让自己伤的更深。

曾有一位名人说过一段话，大意是"痛苦让你觉得苦恼是因为你惧怕它、责怪它、畏怕它，痛苦会对于你紧追不舍是因为你想逃离，如果你不逃避、不责怪、不畏惧，用自身的素质与修养去感悟，你就能感悟到哪怕是痛苦至深的甜美。"我们要成为情绪的主人，不能是完全让它左右我们的思想行为，这样才能善用情绪的价值和功能。

如果我们能从寒冷的高处走下来，把自己内心的门窗打开，尽管仍会有风雨打湿一地，但阳光却可以让这些水汽蒸发，鸟语花香总胜过孤寂寒冷许多倍。对于自己千变万化的个性，我们也不再听之任之，因为我们都知道，只有积极主动地控制情绪，才能掌握自己的命运才能让自己成为自己的主人。

不迷失不贪婪，遇见自己

"你是谁？"每当别人问起我们这个问题的时候，我们总能回答出许多：姓名，性别，身世，兴趣爱好等等。不管答案是朴实无华还是精彩之极，至少是每个人都可以给自己贴上各种标签，为自己标识出很多种身份。而这样的回答，可能并不是最终的结果。人和人在认识之初，都会对还不了解的对方充满各种疑问。同时也会急不可耐地想去摸清对方的底细，对这个自己遇到的人，产生浓厚的兴趣，不管是对于他的内在还是外在。不管是对于他的爱好还是喜恶。有时候还会把自己能快速了解别人当成是一种自我特殊并且引以骄傲的能力而沾沾自喜。可是，不管是别人对你的经历可以讲出一二三，还是能够对你的心理揣测出四五六，我们总是觉得"知己难求"。因为不管是别人说的，还是自己说的，多数都是属于外在的经历，而非真正的自己。"知人者智，自知者明"人生就是一场不断与自己相遇，不断了解，直至遇见真正的自己才是真谛。

"人生如戏"其实，我们每个人都对这句话深有体会。我们难道不是每天都在演戏么？演着生活给予我们的各种角色：认真踏实的员工，两肋插刀的好朋友，先天下之忧而忧的好民众，关爱父母的好儿女，体贴入微的好情人……然而在这些看似美好的角色背后，又有哪些角色是我们自己甘心去扮演好的呢？我们因为自己周遭的事物把自己包裹起来，又因为自己要演好这些场合不一样的戏码而不得不戴上一些不属于自己的面具。我们生存在世，为了生存需要不停地去追求物质、金钱、明声地位。当这一切的一切都无法如愿之时，悲伤，失落，痛苦，愤怒便会充斥着我们自己的内心，这个时候，我们是否才会去问自己，到底什么才是内在的真我？什么才是我们真真切切想要的？可能，这时的那个自己，已经越来越模糊了。

曾经听说过一个故事，让我感慨万分。有个人，经过一条黑漆漆的暗巷，看到一名女子在微弱光线的路灯下找东西。神色慌张，手忙脚乱，很着急地在找着什么，让这个人不禁停下脚步，想助她一臂之力，于是走近了轻声问到"请问你在找什么？"。"我的车钥匙，没有它我就回不了家了!"女子焦虑地说。"你大概在哪个位置,怎么掉的?"女子指向另一个暗处,说:"在那儿掏钱包出来的时候掉的。"这个人诧异道:"那你怎么不在那里找?"女子理直气壮地回答:"那里没有灯呀,怎么找得到?"。可能看完这个故事,大家都在心里暗自觉得故事里的女孩子愚昧可笑。可在人生的道路上,我们常常也不是如此么?我们不了解自己,不知道自己想要的是什么,我们寻找的是别人眼里的幸福,他人口中的快乐。所以,很多时候,我们都在错误的方向走着,并且越走越远。表面上,我们好像走的路,是大家都在走的。我们追求的东西,也都是大家所追求的。所以,我们以一个大家眼中的模范为参考,以一个自己觉得他是一个快乐的人的标准去衡量自己,结果往往徒劳无功。因为我们不了解自己,不明白为什么要走在这样一条道路上。许多人,历经生活的洗礼,悟出了自己的人生真谛,了解了自己真切的需要,再苦再累也在勇往直前,至少心里是安稳,平静,满足的。可有些人,穷其一生都不知道自己这一辈子为的是什么。只是不断地去感慨,怨天尤人,从而失去自我。

了解自己,让一切掌握在自己手中;我们大可不必去放弃现有的美好生活,而去追求所谓的更好的日子。人是这个世界上,最贪婪,最无度的动物。爱情,事业,精神,物质,所有的一切,我们都常常不会满足现状。我们一直都狂奔在路上,很少去珍惜当下的拥有,我们一直追求美好而永远不变的事物,可却忘了世上是没有恒久不变的东西的。我们从没有真正的问过自己,什么是想要的,没有等等一直被我们甩在身后的真我。直到我们变成了赌徒,一无所有,才会回头看看吧?或许那时的我们,才会试着去了解自己。

了解自己,让一切掌握在自己手中。我们睿智的双眼可以看穿世界,洞悉他人,却惟独很难地看透自己。能看到别人的过失却看不到自己的缺点;能看到别人的贪欲却看不到自己的吝啬;能看到别人的偏见,却看不到自己的愚痴。而人一旦放任自己，便无法正确地去评价自己，找不到自己准确的位置。可只有认清自己，才能把握自己，才能知道自己的不足，才知如何取长补短，知道什么位置适合自己，自己该做什么，不该做什么，才知自己的努力方向，才知舒服的时候更应该小心谨慎。

所有迷途的羔羊，皆因为心性已失；所有遗失的鸟儿，皆因忘乎所以。要想拥有美好的人生，就该时时刻刻打开心灵的窗户，让自己认清自己的灵魂，时时告诫自己：该做什么？不该做什么？把命运掌握在自己手中，走好人生的每一步。

世界不完美，退一步海阔天空

曾记得西方的一位哲人曾经说过：生气，是拿别人的错误惩罚自己。想一想，我们是不是经常在做惩罚自己的事情呢？

我们的生活是靠自己去创造的，而美好的心情也是靠自己去用心经营的。世界上太多的东西，我们是没有办法去改变，很多的现状我们都只能安于接受，无法去反抗，而这时，我们必须得顺应，顺应的唯一方法，就是改变自己，改变自己看世界的态度，改变自己看世界的角度。当我们换了看世界的眼光，即使我们遇到了别人不曾遇到的，倒霉的事情，不幸的时候，我们也不会怨天尤人，抱怨连连。因为，乐观的人总是能在乱成一团麻的生活里，看到好的一面。能够从糟糕的事情里，发现能让自己愉快的东西。从不消极埋怨。他们都有"大难不死必有后福"的心态。我们何不去坦然接受，那些让我们无法解决和处理的事情？何不把用来反抗那些不可改变的事情的时间去做一些有意义的事情。如果要做到让自己不生气，不抱怨，不埋怨，那我们就试着去改变看世界的一贯角度和心态吧。

我们的一生所创造的，唯一的不能去改变重新建设的就是我们的生活。即使只有一天的生命了，那我们也要把这一天活的优雅而从容。我们应该要记住生活是自己创造的。人的一生短暂而匆匆，切记不要因为一些鸡毛蒜皮、微不足道的小事而耿耿于怀，为这些小事而浪费你的时间、耗费你的精力是不值得的。和气的人也会有脾气，所不同的是人具有控制脾气，抑制怒火的能力。不要因为一点小事而丢掉了愉悦的心情，不要因为一点小事扰乱了自己生活的步调，更不要因为一点小事损害了健康。

我们应该要多问问自己，为什么要去生气？别人把不满发泄出来，你却把别人的不满吞进肚子里。会反胃，会恶心吧。夕阳无限好，沧月美如银。我们穷尽一生应该都享受不完所有的幸福与快乐，美满与安详。而耗费时间去生气，似乎太不值得了。我们每天被周而复始繁忙沉重的工作折磨着，大家都不能逃脱无辜的受气和无法预料的挫折。"真是气死我了""这个人、这个事真的很烦人。"这些话时常会出现在我们自己或身边朋友的耳边，如果我们无法抑制自己的情绪，小小的生气便会演变成愤怒。不但会让我们平衡的情绪遭到破坏，而且事情闷在心里久了，自然会影响自己的工作和生活。耽误自己的前程。因此要合理地宣泄情绪，合理疏导心中的怨气，化愤怒为力量，使自己尽快走出阴影，愉快地投入工作。发怒会使人远离真理。常常因为愤怒把事情搞僵，搞糟。愤怒时，极而言之，极而行之，没了后路，没了回旋余地。本来有理，反而变成了没理，本来小事，结果闹成了大事，甚至不可收拾，到最后自己后悔莫及。

美国研究应激反应的专家理查德－卡乐森说："我们的恼怒有80%是自己造成的。"他把防止激动的方法归结为这样的话："请冷静下来！要承认生活是不公平的。任何人不是完美的，任何事情都是不会完全按计划进行的。"俗话说：有人分享，可以让快乐变成更大的快乐，而痛苦如果有人分担就可以减轻痛苦。因此，当你为小事火上心头时，不妨找身边的朋友出来喝杯小酒，并非是借酒消愁，而是能让自己在一点点小酒的催化下，把自己的心情淋漓尽致地说出来，还能让朋友之间的关系更为融洽，让感情更加的深厚。

而我觉得，要让自己锻炼出不生气的体质应该可以这样去做：得饶人处且饶人，退一步海阔天空。许多爱生气的人大多固执己见，不愿倾听、尊重别人的意见，缺乏足够的自我批评精神。学会合理的让步，不仅对事情的发展和问题的解决有益处，也会赢得他人的好感，最终使生气的诱因荡然无存。二来把自己的心态放平和不因外界而影响自己的心情。要让我们不随意生气最好的办法其实就是宽容。自觉的忍，理智的让，不是退缩，不是无能，不是放弃原则，而是一种策略，一种智慧，一种境界。只有洞察世事，心灵清澈，对是非、矛盾有清醒认识的人，才会在可能被激怒的时候，做到真正自觉的忍，真正心平气和地面对生活、工作中的各种矛盾和挑战。

英国著名作家迪斯雷利说过："为小事生气的人，生命是短暂的。"不能改变别人，就改变自己；不能改变事情，就改变对事情的态度。否则，我们就一直在自己与自己过不去，就无法去用聪明的头脑做其他的有意义的事情。如若你有山不过来，我过去的心态和处世的态度，那么我们便足以让整天抱怨"命运不济、世道不公、怀才不遇"的才子们汗颜。要想事情改变，首先得改变自己，只有改变自己，才会最终改变别人。世界是无法改变的，只有我们去适应着既存的这一切，才能把我们自己的不可改变的小世界营造的更加美好。山，如果不过来，那就让我们过去吧。随着外在环境的变换而调整适应能力，要比一厢情愿地抛出自我的呐喊等待回响来得有智慧多了。

如果你不能成为大道，那就当一条小路；如果你不能成为太阳，那就当一颗星星吧。生活里，总有属于我们的一片天，不生气，不愤怒，不刻意地去追求不属于我们的东西。当你发现眼里的世界已经变成竖向了，那我们就侧着头去看吧。那样的世界，其实也是很美好的。